중국어 학습자 변인과 학습전략

- 중국어 · 한국어 Tandem 수업을 중심으로 -

이길연(李吉蓮)

부산외국어대학교 대학원 중국어중국학과 박사졸업
부산외국어대학교 대학원 외국어로서의 한국어교육학과 박사수료
경남대학교 대학원 경영학과 석사졸업
現 창신대학교 중국어학과 교수

저서
『중국어-한국어 이중언어교재』(공저, 교육과학기술부)
『생생한 LIVE 중국어 I, II』(공저, 신아사)
『관용어로 배우는 한국어』(공저, 박이정)
『韓国语能力考试高级模拟试题集』(공저, 北京大学出版社)
『한국어능력시험 듣기 초급/중급』(공저, 박이정)
『한국어능력시험 문법 초급/중급』(공저, 박이정)

논문
「중국어 Tandem 수업에서 학습자 변인이 학습전략에 미치는 영향」, 박사학위논문
「유학원 브랜드 인지도가 소비자 구매의도에 미치는 영향에 관한 연구」, 석사학위논문
「Tandem 학습법을 적용한 중국어 학습자의 Tandem 학습능력에 관한 연구」, 중국학
「离合词使用偏误分析及教学方案研究」, 云南师范大学学报
「对韩国大学生语音初级阶段教学的难点分析」, 吉林华桥外国语学院院报

중국어 학습자 변인과 학습전략
- 중국어 · 한국어 Tandem 수업을 중심으로 -

초판 인쇄 2015년 3월 23일
초판 발행 2015년 3월 31일

지은이 이길연 | **펴낸이** 박찬익 | **편집장** 권이준 | **책임편집** 김지은
펴낸곳 ㈜ **박이정** | **주소** 서울시 동대문구 천호대로 16가길 4
전화 02) 922-1192~3 | **팩스** 02) 928-4683 | **홈페이지** www.pjbook.com
이메일 pijbook@naver.com | **등록** 2014년 8월 22일 제305-2014-000028호

ISBN 979-11-86402-53-5 (93370)

* 책값은 뒤표지에 있습니다.

중국어 학습자 변인과 학습전략

중국어·한국어 Tandem 수업을 중심으로

이길연 지음

도서 출판 **박이정**

머리말

2000년 7월, 경남대학교 초청으로 해외 거주 동포 문화 교류 행사에 참여하면서 첫 한국방문을 하게 되었는데 그때부터 조부모님의 고국인 한국과 인연을 맺게 되었다. 2003년 봄 창신대학교 중국어학과 강사생활로부터 시작하여 한국에 정착한지 어언 11년이 되어가고 한국에서의 첫 제자들도 벌써 행복한 가정을 이루어 사는 모습을 보니 새삼 고마운 마음이 들기도 한다. 한국에서의 첫 직장인 창신대학교 그리고 우리 제자들이 있었기에 제가 학문에 더욱 정진하고자 하는 용기를 얻게 되었고 중국어 교육뿐만 아니라 외국인 학생을 대상으로 하는 한국어교육에도 관심을 갖고 박사과정에 입학하여 외국어 교수-학습법 관련 연구를 시작하였다. 박사과정의 학습을 통해 외국어로서의 중국어 및 한국어 교육현황과 연구현황에 대해 조금씩 알아가게 되었고, 이러한 이론적 지식을 토대로 교육현장에서 보다 효율적인 교수-학습방안을 모색하고자 노력해 왔다.

중국 경제의 급속한 성장과 G2로의 부상은 전 세계에서 "중국어 학습 열풍"을 불러 일으켰으며, 특히 가까운 한국에서 그 열기가 아주 뜨거운 실정이다. 아울러 한국 사회가 글로벌화 되면서 많은 중국 젊은이들이 한국 유학을 희망하고 있는데, 2013년 통계에 따르면 약 8만 6천명 외국 유학생 가운데 약 60%인 약 5만 여명이 중국학생이었다. 이러한 환경변화를 중국어 교육목적에 잘 활용하여 교육현장에 적용한다면 중국어 교수 학습뿐만 아니라 한국어 교수 학습에도 긍정적인 의미가 있어 일석이조의 효과를 볼 수 있을 것으로 판단하였다.

이에 본 연구는 국내 CFL 학습 환경에서 학습하고 있는 중국어 학습자들에게 CSL 환경을 조성해 줄 수 있고, 유럽에서는 이미 40여 년 간의 역사를 갖고 있지만 국내에서는 아직 생소한 Tandem 학습법을 소개하고, 이를 중국어 수업현장에 도입하여 수집된 자료를 바탕으로 학습자의 개인적 변인, 정의적 변인, 수업 만족도, 학습전략 사용 간의 관계를 규명하고자 한다. 또한 이를 바탕으로 Tandem 학습법을 활용한 수업에서 상담을 통한 학습전략 훈련 방안 모색에 시사점을 제시하여 중국어 학습의 효율성을 향상시키고, 진정한 의미의 학습자 중심 교육을 실현하고자 하는데 연구의 목적을 두었다.

한국에 정착해서부터 현재까지 10여년 동안 저에게 물심양면으로 지원을 아끼지 않으신 창신대학교 강병도 이사장님께 진심으로 감사드린다. 아울러 저의 학문과 삶의 영원한 멘토이신 진광호 지도교수님, 항상 힘이 되어 주시고 격려를 아끼시지 않는 어머니 같은 존재이신 김충실 교수님, 끊임없는 지도와 관심을 가져 주신 송향근 교수님과 하수권 교수님, 많은 가르침과 조언을 해주신 이재승 교수님, 박종연 교수님께도 진심으로 감사드린다. 이 연구를 끝까지 마무리할 수 있게 저 대신 학과 업무를 도맡아 해 주신 김춘선 교수님, 김은령 교수님, 저의 박사동기이자 지금은 동료가 된 위수광 교수님에게도 심심한 감사의 뜻을 전한다. 그리고 이 책이 출판될 때까지 아낌없는 도움을 주신 박이정 출판사 박찬익 사장님과 선생님들께 감사드리며 이 외에도 지속적인 관심과 응원을 해 주신 많은 분들께 감사의 인사를 올린다.

마지막으로, 내 인생 최고의 행운이며 나의 영원한 Captain 문철님, 우리 가족의 비타민 문서인 공주님, 멀리서 기도와 마음으로 응원해 주시는 부모님과 남동생, 그리고 우리 가족을 위해 평생 헌신하시는 버팀목 이정자 여사님께 이 책을 바친다.

2014년 10월의 마지막 날
연구실에서
이길연

차 례
■■■■

표목차

그림목차

I

서 론

1. 연구의 필요성과 목적

외국어 교육에서는 그동안 소위 교수법이라는 이름 아래 학습자 또는 학습 과정보다는 교사나 교수방법이라는 측면을 강조해 왔다. 그러나 최근 외국어 교육에서 학습을 수행하는 주체인 학습자와 그 학습자가 수행하는 여러 가지 사회·인지적 활동은 언어학습에 매우 중요한 부분이라는 인식을 갖게 되었다. 특히 학습자에 대한 관심이 가장 중요한 변화라고 할 수 있다. 오늘날 외국어 교육은 더 이상 주입식 교육이 아닌 표현 능력위주의 창의력 개발 교육으로 자리매김을 해야 할 것이고, 국제화, 세계화, 개방화 시대에 필요한 인재를 육성하기 위해 능동적인 언어 학습전략으로 외국어 능력이 향상 될 수 있도록 하는 연구가 필요한 실정이다. 이러한 변화의 물결 속에서 오늘날 중국어 교육도 시대적 요구와 특성에 적합한 새로운 가능성을 제안하고 시행함으로써 사회변화에 적극적으로 대처해야 하며, 이 또한 시대적 필요성에 부응하는 현명한 선택일 것으로 여겨진다.

주지하다시피 중국의 경제가 개혁개방이래 급속한 성장을 거듭해 왔고, G2로 부상하면서 세계경제의 무대에서의 역할은 날로 활발해지고 세계경제에 중대한 영향을 미치고 있다. 이에 따라 중국어를 배우고자 하는 학습자들이 전 세계 범위에서 점차 늘어나 '중국어 학습열풍'까지 형성되었고, 특히 한국을 비롯한 아시아의 많은 나라에서 그 열기가 아주 뜨거운 실정이다. 성공적인 중국어 학습을 위해서는 학습자에게 학습 목표어인 중국어로 원어민 화자와 의사소통을 할 수 있는 기회를 최대한 제공해 주어야 한다. 그러나 전통적인 강의실 중국어 수업에서는 원어민 교사를 투입한다고 하더라도 아주 제한적이고, 수업시간 외

원어민과 1:1 의사소통은 더더욱 어려운 실정이다. 또한 중국 현지로 어학연수를 간다고 하더라도 비용적인 측면과 시간적인 측면에서 많은 학습자들에게 부담으로 안겨질 수 있다.

　최근 한국 사회가 글로벌화 되면서 많은 외국인들이 한국을 찾았고, 특히 최근 몇 년 동안 중국인 유학생 수가 급격히 증가하고 있는 추세이다[1]. 많은 대학에서는 단순히 외국인 학생들에 대한 관리나, 한국사회 적응 등의 목적으로 한국인 학생들을 투입하여 사회 봉사활동을 하는데 중점을 두고 있다. 이러한 환경 변화를 중국어 교육 목적에 잘 활용하여 보다 효율적인 중국어 교수-학습법을 개발하고, 이를 중국어 교육현장에 적용한다면 학습자들의 중국어 의사소통능력 향상뿐만 아니라 목표어의 문화학습에도 도움이 될 것이고, 더 나아가 중국어 교육환경 개선에도 긍정적인 의미가 있을 것이다. 'Tandem 학습법'이 바로 이와 같은 상황에서 가장 쉽고 효과적으로 적용해 볼 수 있는 외국어 학습법이라고 할 수 있겠다.[2] 그 이유는 평생학습, 열린 학습, 자기주도학습, 협동학습에 대한 논의가 활발히 이루어질 때 해결책으로 떠올랐던 Tandem 학습법이 유럽에서 이미 검증을 받은 학습법으로서 여러 학자들에 의해 연구가 활발히 진행되어 왔기 때문이다. Tandem 학습은 실제로 원어민과 만나 1:1로 중국어 학습을 가능하게 만들며, 실제로 수행되는 문화 간 의사소통으로 학습이 이루어지고, 외국어를 학습하면서 다른 영역의 학습도 함께 이루어지게 한다. 이러한 Tandem 학습법을 교육현장에 적용시키면 국내의 CFL(Chinese Foreign Language)학습 환경에서 CSL(Chinese

---

1) 2010년 6월 14일 행정안전부의 발표에 의하면 2010년 6월 기준으로 한국에 거주하고 있는 전체 외국인 수 113만 9천명의 7.1%인 80,646명이 외국인 유학생이고 그 중 중국어를 모국어로 하는 유학생이 63,452명으로 전체 유학생 수의 78.7%를 차지한다.

2) 하수권(2010)에서는 독일어 교육에서의 적용 가능성을 제시하였고, 송향근(2004)에서는 한국어 교육, 진광호(2010)에서는 중국어 교육, 서상범(2011)에서는 러시아 교육에서 ·Tandem 학습법 도입에 대한 필요성과 타당성을 언급한 바 있다.

Second Language)학습 환경을 조성해 주어 중국 현지로 어학연수를 안 가더라도 원어민과 면대면으로 소통할 수 있고, 어학연수로 현지에 갔을 때 발생하는 학습자들의 시간이나 비용적인 측면에서 부담을 줄일 수도 있을 것이다.

학문 연구 측면에서 볼 때, 현재까지의 한국 내 중국어 교육 연구는 문법교육, 어휘교육, 발음교육, 오류분석 및 대조분석 등 연구에 편중되어 있고, 학습자의 특성을 고려한 학습자 변인 연구, 학습전략에 관한 연구, 의사소통능력 향상을 위한 학습법 개발 연구는 아주 미미한 실정이다. 하지만 최근 중국어 학습열풍으로 중국 내에서의 학습전략 연구를 비롯한 학습자 중심의 중국어 교육 관련 연구들이 외국어로서의 중국어 교육(对外汉语教学)분야에서 활기를 띠기 시작하였으며, 학습자 특성, 학습전략, 학습방법이 언어 학습에 상당한 영향을 미치는 변인이라는 사실이 지적되고 있다.[3] 효과적이고 효율적인 중국어 교육을 위해서는 학습의 주체인 학습자를 잘 이해하고 학습자 개개인의 특성에 따라 사용하는 학습전략이 무엇이며, 이러한 학습전략이 궁극적으로 중국어 학습에 어떠한 영향을 미치는지에 대한 연구가 선행되어야 할 것이다. 이러한 측면에서 볼 때, 본 연구는 중국어 교육 현장에 보다 효과적인 학습법을 도입하고, CFL 환경에서 학습하고 있는 중국어 학습자를 위해 새로운 학습법을 개발하는데 실마리를 제공해 줄 수 있을 뿐만 아니라 중국 교육 연구 분야에도 의미 있는 연구가 될 것으로 사료된다.

이에 본 연구는 국내 CFL 학습 환경에서 학습하고 있는 중국어 학습자들에게 CSL 환경을 조성해 줄 수 있고, 유럽에서는 이미 40여 년 간의 역사를 갖고 있지만 국내에서는 아직 생소한 Tandem 학습법을 소개하고, 이를 중국어 수업현장에 도입하여 수집된 자료를 바탕으로 학습자

---

3) 王理(2006:4); 吳勇毅(2007:1-3); 代存美(2008:8-9); 李强(2011:5-7) 참조.

의 개인적 변인, 정의적 변인, 수업 만족도, 학습전략 사용 간의 관계를 규명하고자 한다. 또한 이를 바탕으로 Tandem 학습법을 활용한 수업에서 상담을 통한 학습전략 훈련 방안 모색에 시사점을 제시하여 중국어 학습의 효율성을 향상시키고, 진정한 의미의 학습자 중심 교육을 실현하고자 하는데 연구의 목적을 둔다.

2. 연구 문제

Tandem 학습법은 국내에서는 아직 거의 알려져 있지 않은 학습법으로서, 2008년도 국내 대학으로서는 부산외국어대학교에서 처음으로 도입하여 교내에 Tandem 연구소를 설립하였고, 교과과정에 편성시켜 2009년 1학기부터 현재까지 체계적이고 지속적으로 운영을 하고 있다. 자세한 운영 상황을 보면 다음과 같다. 외국어 교육에서 아직 생소한 분야인 Tandem 수업 첫 시간에는 수강 신청한 학생 대상으로 Tandem 학습법에 대해 자세하게 설명을 하고 사전 상담을 통해 학습자의 일반적 특성과 요구를 파악하여 2인 1조의 학습팀을 구성한다.[4] 학습팀이 구성되면 파트너와 함께 한 학기 학습을 어떤 방법으로 어떻게 운영할 것인지를 스스로 정하고, 학습목표, 학습내용 등 수업에 관련된 전반 과정을 학습자가 파트너와 함께 결정한다. 그 다음 이러한 계획과 목표 설정이 적절하게 설정되었는지를 교사가 확인하고 필요한 경우에는 학

---

4) Tandem 수업 시행초기에는 무작위로 파트너를 정해주기도 하고 교사의 판단으로 정하기도 하였는데 현재는 주로 상담을 통해 학습자가 원하는 파트너를 선정한다.

생들에게 적절한 지도와 상담을 해 줄 수 있다. 교사는 한 학기 동안 학습할 대부분의 주제5)를 미리 정해주고 제시한 주제의 틀 안에서 학생들은 다양한 방식과 내용으로 수업을 운영해 나간다.

본 연구에서는 이러한 Tandem 학습법을 활용한 중국어 수업에서 학습자의 여러 변인과 학습전략 간의 관계를 파악하여 중국어 Tandem 수업의 효율성을 향상시키고, 궁극적으로 학습자들의 중국어 의사소통 능력을 신장시키고자 한다. Tandem 수업에서 고려되는 학습자의 개인적 변인, 정의적 변인, Tandem 학습에 대한 만족도, 중국어 학습전략 등 4개 변인을 연구 변수로 설정하여 SPSS 15 통계분석프로그램을 통해 변인들 간의 관계를 규명하고, 분석 결과를 바탕으로 Tandem 수업에서 중국어 학습전략 훈련 가능성을 제안하려고 한다.

본 연구의 목적을 달성하기 위해 설정된 구체적인 연구 문제는 다음과 같다.

1. 학습자의 개인적 변인에 따라 Tandem 학습능력(자기주도 학습능력, 협동 학습능력)이 유의미한 차이가 있는가?

   1-1 성별조합에 따라 Tandem 학습능력이 유의미한 차이가 있는가?

   1-2 성격조합에 따라 Tandem 학습능력에 유의미한 차이가 있는가?

   1-3 목표어 수준조합에 따라 Tandem 학습능력이 유의미한 차이가 있는가?

   1-4 이문화 이해 수준조합에 따라 Tandem 학습능력이 유의미한 차이가 있는가?

---

5) 보강주 수업에는 자유주제로 선정한다.

2. 학습자의 개인적 변인에 따라 Tandem 학습 만족도(수업 만족도)에 유의미한 차이가 있는가?

   2-1 성별조합에 따라 Tandem 수업 만족도에 유의미한 차이가 있는가?

   2-2 성격조합에 따라 Tandem 수업 만족도에 유의미한 차이가 있는가?

   2-3 목표어 수준조합에 따라 Tandem 수업 만족도에 유의미한 차이가 있는가?

   2-4 이문화 이해 수준조합에 따라 Tandem 수업 만족도에 유의미한 차이가 있는가?

3. 학습자의 정의적 변인(Tandem 학습능력)은 Tandem 학습 만족도와 상관관계를 보이는가?

   3-1 학습자 정의적 변인이 Tandem 학습 만족도와 상관관계를 보이는가?

   3-2 학습자 정의적 변인이 Tandem 학습 만족도에 영향을 미치는가?

4. 학습자 정의적 변인(Tandem 학습능력)은 중국어 학습전략과 상관관계를 보이는가?

   4-1 자기주도 학습능력, 협동 학습능력, 중국어 학습전략 간의 상관관계를 보이는가?

   4-2 학습자의 정의적 변인이 학습전략에 미치는 영향은 어떠한가?

5. Tandem 학습 만족도에 따라 학습전략 사용에 차이가 있는가?

학습자 변인[6]은 나이, 성별, 학년, 흥미, 직업, 건강상태, 동기, 성취 수준, 능력 사회·경제적 지위, 외국어 습득 수준, 학습 스타일 등이 포

---

6) 연구자에 따라 '학습자 특성' 혹은 '학습자 요인'이라고도 함.

함된다.[7] 본 연구에서는 학습자 변인의 범주를 크게 개인적 변인과 정의적 변인 두 가지로 설정하고, 개인적 변인에는 학습자의 성별, 외국어 습득 수준, 이문화 이해 수준, 성격이 포함되고, 학습자의 정의적 변인에는 자기주도 학습능력, 협동 학습능력만을 고려한다.

Tandem 수업은 특성상 모국어가 서로 다른 두 명의 학습자가 서로의 모국어를 배우기 위해 짝을 이루어 진행하는 학습형태이므로 본고에서는 성별을 고려한 변인을 이성조합과 동성조합으로 나누고, 또한 목표어 습득 수준을 고려한 변인은 수준차이가 있는 "목표어 수준 차이 유"조합과 수준이 비슷한 "목표어 수준 차이 무"조합으로 나누고, 이문화 이해 수준 역시 이해 수준 차이가 있는 "이문화 이해 수준 차이 유"조합과 이 문화 이해 수준이 비슷한 "이문화 이해 수준 차이 무"조합으로, 성격을 고려한 변인은 성격 차이가 있는 "이질"조합과 성격 차이가 없는 "동질"조합으로 나누었다.

본 연구에서 논의되는 학습전략은 언어 학습전략(Language learning strategies)으로서, Oxford(1990)의 연구를 기반으로 학습자가 주도하는 행위나 행동, 그러한 활동을 통해서 학습자가 학습의 효율을 높이고, 스스로 통제하며, 보다 학습활동을 즐길 수 있도록 하는 것으로 학습자 자신의 학습을 강화시키기 위해 학습자가 사용한 특별한 행동, 행위, 단계 혹은 기술임을 밝힌다. 그 분류 역시 Oxford(1990)의 분류에 따라 직접전략과 간접전략 두 개의 전략으로 나누고, 하위 전략으로는 기억전략, 인지전략, 보상전략, 상위인지전략, 정의적 전략, 사회적 전략 등 6개 전략으로 분류하여 연구한다.

---

7) Elis(1994:134-135) 참조.

3. 선행 연구

1) Tandem 학습법 관련 선행 연구

국외의 연구

Tandem 학습법은 유럽에서 유래되어 현재 유럽전역 에서 활발히 활용되는 외국어 학습법으로 이에 관한 연구들이 대부분 유럽 중심으로 다양하게 이루어지고 있는데 'E-Tandem(Electronic Tandem)'에 대한 연구들이 주를 이루고 있다. 이는 'Face to Face'보다 'E-Tandem'이 학습자를 확보하는데 더 용이하고 웹 사이트를 통한 학습이 시간과 장소의 구애를 받지 않고 상호 편한 시간에 만나 교수·학습을 할 수 있기 때문이다. 이러한 이유로 유럽에서는 'Tandem 학습법' 관련 컴퓨터 프로그램 개발이 활발히 이루어지고 있다. 국외의 관련 연구를 살펴보면 다음과 같다.[8]

Cziko(2004)는 통신 매체를 활용한 Tandem 학습 예를 들면 전화, Electronic bulletin board[9], Amateur Radio(아마추어 무선)[10], 컴퓨터 매개 통신(Computer-mediated communication, CMC)[11], Audio and Video를 활용하여 'E Tandem'을 발전시켜 제2언어를 좀 더 쉽게 배울 수 있는 방법을

---

8) 배고운(2011:24-25) 참조.

9) Electronic bulletin board는 전자 게시판으로, 가입자가 게시판에 저장해둔 정보를 다른 가입자가 찾아 볼 수 있도록 한 전자 통신 서비스이다.

10) Amateur Radio(아마추어 무선)은 단파에 의한 통신의 실험연구를 하는 사설국의 무선통신으로서 마이크에 의한 음성이나 모스부호로 교신한다.

11) 컴퓨터 매개 통신(Computer-mediated communication, CMC)은 컴퓨터를 이용한 동기, 비동기, 실시간 등 다양한 형태의 통신. 컴퓨터를 이용하여 문자, 이미지, 오디오 및 비디오를 교환하는 것으로, 이메일, 네트워크 통신, 인스턴트 메시지, 문자 메시지, 하이퍼텍스트, 원격 교육, 유즈넷 뉴스, 인터넷, 게시판, 온라인 쇼핑, 화상 회의 등 다양한 형태가 있다.

제시하였다.

Appel(2000)은 오류분석을 통해 Tandem 학습을 소개한 연구였는데, 아일랜드 더블린의 Trinity 대학에 재학 중인 스페인어를 학습자를 스페인 정부에서 지원하는 스페인 공식어학교인 Escuela Oficial de Idimas에 재학 중인 학습자를 대상으로 웹 기반 Tandem 학습(E Tandem)을 활용한 외국어 학습 사례를 연구하였다. 이 연구에서는 이메일을 주고받는 단순한 Tandem 학습의 차원을 넘어서 학습자들이 서로 이메일을 주고받으면서 상대방이 잘못 사용한 어휘나 표현 및 문법들을 수정하고, 자신이 작성한 글자 수와 수정된 글자의 비율(%)을 통계수치로 보여 주었다.

Tandem 학습법을 문화 교육에 접목시킨 연구는 Brammerts(1995)와 Woodina(2010) 등이 있다. Brammerts(1995)에서는 학습 목표어 문화 교육에 가장 좋은 교수학습방법이 Tandem 학습법임을 강조하면서, 각각의 다른 언어를 할 줄 아는 원어민 화자가 만나는 것이 교실 수업에서 교사에 의해 배우는 것보다 원어민 화자를 통해서 직접적으로 접할 수 있는 것이 무엇보다도 이문화 교육에 효과적이라고 하였다. 즉 서로 다른 언어권의 학습자가 만나서 학습 목표어를 교수학습하게 된다면 더 쉽게 목표어를 배울 수 있으며, 동시에 상대방 나라의 문화를 직접적 혹은 간접적으로 알아가기가 쉬울 것이다. Woodina(2010)에서는 실제 영국인 학생과 스페인 학생이 하나의 단어를 가지고 어떻게 설명하고 이해시키는지를 분석하고자 대화를 녹음하여 전사하였다. 같은 어휘를 가지고도 각 나라마다 알고 있는 뜻이 차이가 있기 때문에 학습자들은 각자의 문화 배경에 의해 설명함으로써 학습자들은 언어와 더불어 학습 목표 문화까지 자연스럽게 이해하게 된다는 것을 알 수 있다.

Telles 외(2006a)에서는 언어 기능의 향상을 위한 방안으로 Tandem 학습법의 원리를 적용하여 온라인에서 읽기와 쓰기를 향상시킬 수 있는 방안을 제안하였다. 이 연구에서는 이메일을 주고받는 교수학습 형태로 학습 목표를 쓰기 능력 향상에만 국한시켰지만, Telles 외(2006b)에서는 온라인을 활용하여 'Face to Face Tandem'의 효과를 얻고자 Windows Live Messenger를 이용하여 오디오 및 비디오를 통하여 읽으며 쓸 수 있는 가상 Tandem인 'Teletandem'을 새롭게 소개하면서, 실제 브라질 대학생들을 대상으로 언어와 문화를 배울 수 있도록 'Teletandem'을 이용한 수업 사례를 보여 주었다. 학습자들은 서로 단어가 설명이 되지 않을 때는 White Board 프로그램(그림판)을 이용해서 쓰거나 그리면서 설명하도록 하였다.

국내의 연구

국내에서는 Tandem 학습법의 적용이 초기 단계로서 연구된 결과물이 그리 많지 않다.

하수권(1999)은 처음으로 Tandem 학습법을 언급한 연구로서 외국어로서의 독일어 교육 가능성을 알아보고자 '상호자율학습법(Sprachenlernen im Tandem)'[12]을 소개하고 독일어 학습자 2명과 한국어 학습자 2명을 대상으로 수업을 진행한 실례를 보여 주었다. 또한 하수권(2008)에서는 외국인 유학생과 노동자, 그리고 결혼이민자들의 한국 사회에 대한 이문화간 의사소통의 필요성을 언급하면서 일반적인 외국어 교수법과 비교를 통해 Tandem 학습법을 적용함에 있어서의 연구 과제를 함께 제시하였다. 특히 교육과정에 적용시키기 위한 조건들을 알아보고 이를 정

---

12) 'Tandem'의 명칭으로 하수권(1999, 2008, 2009)의 '상호자율학습법(Sprachenlernen im Tandem)', 'Tandem 학습법', '이중언어학습법(Tandemlernen)'이 있고, 송향근(2004)에서는 'Tandem 언어 학습법(Language Learning in Tandem)'이라 한 바 있다. 본고에서는 하수권(2008)의 연구에 따라 'Tandem 학습법(learning in Tandem)'을 사용하기로 한다.

규 교과목에 편성시켜 수업운영의 방법에 대해 논의하였다. 하수권 (2009)에서는 학습목표어가 2개 혹은 2개 이상인 경우에 Tandem 학습법의 적용 가능성을 제안하였고, 일반적인 외국어 수업과의 비교를 통해 Tandem 학습에서의 교재, 학습자료, 주제 등에 대해 언급하였으며, 동양에서는 아직도 생소한 Tandem 학습법의 훈련문제에 대해서도 연구하였다. 하수권(2010)에서는 Tandem 학습법을 적용함에 있어서 학습 자료의 특성과 유형을 중심으로 논의하였다.

송향근(2004)에서는 Tandem 언어 학습법의 원리를 살펴보고 Tandem 학습법이 '학습 내용의 〈이해-연습-활용〉'이라는 이상적 언어 학습 과정을 실행할 수 있다는 점을 부각시키면서 한국어 교육에 적용 가능성이 있음을 제시하였다. 헬싱키 대학교에 재학 중인 한국어 학습자와 핀란드어 학습자를 대상으로 실시하였던 Tandem 학습법의 실례를 들어 운영 방법 및 교사의 역할을 소개하였다.

진광호(2010)는 Tandem 학습법을 처음으로 중국어 학습에 도입하여 연구하였으며, 유럽에서 통용되는 방식을 그대로 모방해 도입할 것이 아니라, 동양의 문화, 정서, 교육환경, 학습자의 개성 등에 적합한 방식과 프로그램으로 개발되어야 한다고 지적하였다. 부산외국어대학교 중국어학부에서 시행되고 있는 '중국어-한국어 Tandem학습'의 적용사례를 들어 Tandem 수업의 운영방식과 내용, 해결해야 할 과제를 언급하면서 특히 타 연구에서는 찾아볼 수 없는 Tandem 언어 학습을 영역별로 실시하는 방안을 제안하였다. 또한 이 연구에서는 현재까지는 Tandem 학습을 종합적으로 실시하고 있으나 이를 학습자의 학습목표나 계획에 따라 영역별로 나누어 '회화 Tandem', '발음 Tandem', '작문 Tandem', '독해 Tandem' 등으로 나누어 실시하는 방안을 제시하였다.

김세진(2010), 배고운(2011)은 Tandem 학습법의 한국어 교육에서의 적

용사례를 들면서 교사의 역할과 학습 자료에 대한 개발을 통해 효율적
인 Tandem 수업 모형을 모색하였다.

정기영 외(2010)는 코스 디자인과 수업 만족도 조사를 바탕으로 일본
어 탄뎀 수업 사례를 연구하였고, 서상범(2011)은 러시아어-한국어 Tan-
dem 학습법의 적용사례를 보여 주었으며, 이효영(2011)은 중국어-한국
어 Tandem 학습에서 학습자들의 인식수준을 설문조사를 통해 알아보
았다.

이길연(2011)은 Tandem 학습에서의 두 가지 원칙 즉 상호주의 원칙과
자기주도 원칙을 기반으로 한 Tandem 학습법을 강의실 수업에 활용
시, 꼭 필요한 협동 학습능력과 자기주도 학습능력을 Tandem 학습능력
으로 지칭하고, Tandem 학습법을 적용한 중국어 수업에서 학습자 변인
별 Tandem 학습능력의 차이를 설문조사, 관찰, 면담을 통해 통계분석의
방법으로 연구하였다.

2) 학습전략 관련 선행 연구

외국어 학습전략에 관한 연구의 시작은 Rubin(1975)의 "What the
'good language learner' can teach us?(성공적인 언어 학습자는 우리에게 무
엇을 가르쳐 줄 수 있는가)" 연구가 대표적이라고 할 수 있다. 초기 학습전
략에 관한 연구는 학습자에 따라 외국어 학습효과가 왜 차이가 있는지
에 대한 답을 얻기 위해 성공적인 언어 학습자가 사용하는 학습전략을
조사하고, 이를 분류하는 작업이 주를 이루었다. 1970년대 중반 이후부
터 학습전략의 사용은 학습자의 언어 능력에 따라 차이가 있다고 보고
학습전략의 사용이 성취도와 유의미한 상관관계가 존재한다는 연구결
과들이 발표되었다.[13] Chamot(1993)은 교육과정과 연관하여 학습전략

을 가르치기 위한 교수자료를 개발하였다 그리고 학생들은 주로 어떤 전략들을 사용하는지, 학습전략의 사용이 학습결과에 영향을 미치는지 에 관하여 연구하였다. 연구결과, 학생들은 학습전략의 사용이 학습 효 과에 긍정적인 영향을 미친다고 응답하였으며, 가정에서 개별적으로 과 제를 수행할 때 학습전략을 주로 사용한다고 답하였다. 자주 활용하는 학습전략은 상위인지전략이었으며, 전략을 사용하지 않는 이유로 전략 사용에 대한 교육의 부족을 들었다.

한국 내에서의 학습전략 관련 연구는 영어 학습에 편중되어 있고, 중 국어 학습자에 대한 학습전략 연구논문은 10여 편에 불과하다. 박덕준 (2005)은 중국어 독해 교육 문제를 해결하기 위하여 효과적인 독해전략 인 "요지 훑어 읽기 전략"과 "단어 의미 추측 전략"을 모색하였고, 채승 희(2007)는 중국어 학습자의 효율적이고 성공적인 어휘 학습을 위해 이 에 대한 전략 지도의 필요성에서 출발하여 중국어 학습자들이 의식적으 로 또는 무의식적으로 활용하고 있는 어휘 학습 전략을 선별해 내고 이를 토대로 한 지도 방안 설계를 목적으로 연구를 진행하였다. 연구결 과 어휘 수준이 상위인 학습자는 의미발견전략과 기억강화전략을 더욱 많이 사용하는 것으로 나타났으며 이러한 전략을 훈련할 수 있는 지도 방안으로 의미발견전략 지도, 기억 강화전략 지도, 인지강화전략 지도 를 제시하였다.

이은형(2008)에서는 고등학생들을 대상으로 중국어 학습자들의 정의 적 요인인 중국어에 대해 갖는 태도와 중국어 학습에 대한 동기, 학습전 략 실태를 조사하여 이러한 변인들과 학업 성취도가 어떤 상관관계를 갖고 있는지를 분석하였다. 중국어 학업 성취도에 미치는 영향에 대한 분석을 통해 중국어 수업 현장에서 학습자들의 동기 유발과 학습전략

---

13) Cohen & Aphek(1980:221-235) 및 Politzer & McGroarty(1985:103-123) 참조.

훈련에 시사점을 주기 위한 목적으로 연구가 진행되었다. 연구결과, 학습 동기와 학습전략은 중국어 성적과 유의미한 상관관계를 형성하고 있고, 학습전략에서 인지전략이 중국어 성적에 제일 강한 영향력을 주고 있으며, 성별, 학년, 학교유형(일반계 고등학교, 외국어고등학교)에 따라 학습전략의 활용도가 차이가 있다고 제시하고 있다.

신승희(2010a)[14]는 중국어 고급학습자[15] 56명을 선정하여 우수 그룹 순으로 A, B, C그룹으로 나누어, 중국어 학습과정에서 사용하는 효과적인 학습전략에 어떤 것들이 있으며, 사용실태는 어떠한지에 대해 고찰한 결과, 학습자가 타인과의 상호작용을 통해 언어학습효과를 고조시키는 사회적 전략을 가장 활발히 사용하였고, 인지, 보상전략 역시 상당히 많이 사용하였으며, 그 다음으로 상위인지, 기억전략 순으로 많이 사용하였다. 또한 2년 만에 고급수준에 도달한 최강 엘리트집단인 A그룹은 중국인과의 상호작용을 통해서 중국어 학습효과를 고조화시키는 전략을 가장 잘 사용한 것으로 나타났다. 특히 중국어로 대화를 나눌 때 확인과 수정을 적극적으로 요청하였고, 중국인의 생각이나 감정을 깨닫기 위해 주의하는 경향을 보인다고 하였다. 원어민처럼 유창하게 발음하면서 말하려고 노력하거나 중국어로 된 영상물을 통해 자연스럽게 중국어에 녹아들어가려는 경향을 보이고 있으며, 새로운 내용을 접했을 때 중국어 문맥 안에서 언어적인 실마리를 찾으려고 하는 모습이 강함을 엿볼 수 있었다. 또한 중국어 학습과정을 이해하고 중국어 능력을 향상시킬 수 있는 방법을 찾으려고 노력하는 경향이 두드러지게 나타났다.

김희숙(2005), 이연주(2007), 박수현(2010), 김형란(2010) 등의 연구에서

---

14) 신승희(2010b)에서는 MBA과정 성인학습자의 중국어 학습전략 실태를 고찰하였다.

15) 조사대상자 전원이 구HSK 9급 또는 신HSK 6급 이상인 학습자들로, 학부에서 중어중문학을 전공하고 중국어 교육, 한중통역을 전공하고 있는 전문적인 학습자와 중국에서 학위과정을 밟고 있는 학습자 그리고 중어중문 전공으로 학부에 재학 중인 학습자로 구성되었다.

는 학습전략 중 인지전략의 한 형태인 마인드 맵 이론으로 중국어 어휘 지도 방안을 연구하였고, 오신영(2011)은 상위인지전략인 자기 피드백이 중국어 발음 개선에 미치는 효과를 분석하였다.

김영민(1995)은 미국에서 ESL 프로그램을 다니고 있는 한국인 성인 학습자를 대상으로 언어 학습전략을 사용하는데 있어서 성별과 학습 환경이 미치는 영향에 대해 연구하였는데 성별에 따라 큰 차이는 없지만 교육수준에 따라 집단 간 차이를 보이고 있다고 보고했다. 또한 사용빈도의 측면에서 대학생들이 보다 다양한 학습전략을 사용하고 있는 것으로 조사되었다.

한승호(2007)는 영어능력과 영어 학습전략과의 관계를 분석하여 한국 대학생들을 상·하위 집단 및 남·여 집단으로 구분하고 집단별 전략 사용이 어떻게 나타나고 있는가를 조사하였고, 하위 학습자들이 특히 부족한 전략을 분석하여 지도한 후 그 효과가 어떻게 나타나는가를 검증하였다. 분석 결과, 남녀 간의 차이는 통계적으로 유의미하지는 못하였지만 성적이 높을수록 학습전략 사용의 평균점수가 더 높았으며, 그 중 상위인지전략과 인지전략의 사용이 다른 전략에 비해 상대적으로 높은 것으로 나타났고, 사회적 전략, 정의적 전략, 보상전략이 낮게 나타났다. 이러한 결과를 바탕으로 전략지도 프로그램을 개발하여 수업지도에 다시 활용한 결과 학습전략지도를 실시한 집단에서 효과가 있음이 입증되었다.

김애주·김남국(2010)의 연구에서는 한국인 영어 학습자 62명과 외국인 한국어 학습자 62명을 대상으로 학습자 변인(성별, 문화적 배경, 성격유형, 뇌 지배성)에 따라 학습전략의 사용에 대해 조사한 결과, 성별, 성격유형, 뇌 지배성에 따라 학습전략 사용에 유의미한 차이를 보이지 않았지만, 문화적 배경에 따라 외국인 한국어 학습자가 한국인 외국어 학습자보다 상위인지전략과 사회적 전략을 많이 사용하는 것으로 나타났다. 또한 학습자 변인별 학습전략과의 상관관계를 확인한 결과 학습자의 문화적 배경과 성격유형이 학습전략을 사용하는 빈도와 상관관계가 있는 것으로 나타났다.

박찬규(2010)는 모 대학 신입생 130명을 대상으로 외국어 학습전략과 학업 성취도와의 관계를 분석한 결과, 학습전략 사용빈도는 보상전략, 사회적 전략, 상위인지전략, 기억전략, 정의적 전략, 인지전략 순으로 높게 나타났고, 성별 학습전략의 차이검정에서는 기억전략과 인지전략만이 유의미한 차이를 보여주고 있다. 학업성취도와 관련하여 외국어 영역의 수준별 학습전략 사용에서는 기억전략과 인지전략만이 수준별 유의미한 차이가 있는 것으로 나타났다.

중국에서 외국인 유학생을 대상으로 한 중국어 학습자들의 학습전략에 관한 연구동향을 보면, 楊翼(1998)의 〈高年級漢語學習者學習策略和學習效果的關系〉로부터 시작하여 현재까지 많은 연구들이 이루어지고 있는데 한국인 중국어 학습자들의 학습전략에 관한 연구들이 눈에 띄게 많아지고 있다.

徐新顔(2003)의 연구에서는 중국에서 유학하고 있는 중급수준 한국인 학생, 일본인 학생과 유럽·미국 학생들을 대상으로 학습전략을 조사한 결과, 4가지 학습전략(상위인지전략, 인지전략, 정의적 전략, 사회적 전략) 중 학생들이 제일 많이 사용하는 학습전략은 상위인지전략이고, 제일 적게 사용하는 전략은 인지전략인 것으로 나타났고, 유럽·미국 학생들이 한국과 일본 학생들보다 상위인지전략을 더 많이 사용하는 반면, 한국과 일본 학생들은 사회적 전략을 더 많이 사용하는 것으로 나타났다.

周磊(2004)는 중국어 중급수준인 한국인 유학생을 대상으로 설문조사와 면담을 통해 학습전략과 듣기 성적 간의 관계를 연구하였는데 상위인지전략, 인지전략, 사회적·정의적 전략 3가지 학습전략 중, 성적이 높은 학생들은 상위인지전략 중의 기능적 계획, 자기 모니터링, 자기평가의 전략, 인지전략 중의 추리, 형상화, 예측전략을 많이 사용하는 반면, 성적이 낮은 학생들은 인지전략 중의 번역, 주요어휘 기억법을 사용하는 경우가 많다고 밝혔다. 또한 논문의 연구결과를 기반으로 듣기 교육에서 학습전략을 어떻게 지도할 것인지에 대해 요약적으로 제시하였다.

王理(2006)는 중국 유학 중인 한국인 중국어 학습자와 한국에 있는 한국인 중국어 학습자들의 학습전략을 Oxford(1990)의 6가지 학습전략 분류에 따라 비교분석하였는데, 연구결과 한국이나 중국에서 상위인지전략을 가장 많이 사용하고 있고 큰 차이가 없는 것으로 나타났다. 하지만 사회적 전략 사용에서는 두 집단에 차이를 보이고 있는데 중국 유학 중인 한국인 중국어 학습자가 한국 내에 있는 중국어 학습자보다 사회적 전략을 더 많이 사용하고 있는 것으로 나타났다.

吳勇毅(2007)의 연구에서는 중국에 유학하고 있는 550명의 외국인 중국어 학습자[16]를 대상으로 학습전략을 분석하고 학습전략의 지도방안을 제안하였다. 외국인 학습자들이 목표어 환경에서 가장 많이 사용하는 학습전략은 보상전략이고, 그 다음 사회적 전략, 상위인지전략, 인지전략, 정의적 전략이며, 가장 적게 사용하는 전략이 기억전략인 것으로 나타났다. 학습자 변인별 학습전략을 분석한 결과, 성별에 따라 학습전략 사용에 유의미한 차이는 없었고, 국적, 중국어 수준, 학습기간, 학습동기에 따라 6개의 학습전략이 유의미한 차이를 보였다고 제시하였다.

张欢(2007) 역시 중국 유학 중인 한국인 중국어 학습자와 한국에 있는

---

16) 550명의 외국인 유학생을 국적별로 한국 132명, 일본 117명, 태국 123명, 인도네시아 16명, 구미지역 123명 총 5개 조로 나누어 분석하였다.

한국인 중국어 학습자들의 학습전략을 O'Malley와 Chamot(1990)의 학습
전략 분류에 따라 말하기 학습과 듣기 학습을 비교·분석하였는데 분석
결과, 듣기와 말하기 모두 중국 유학 중인 한국인 중국어 학습자가 한국
내 한국인 중국어 학습자보다 사용하는 학습전략이 평균적으로 더 많았
다. 듣기 영역에서는 중국과 한국의 경우 모두 정의적·사회적 전략을
제일 많이 사용하였고, 말하기의 경우, 중국 유학 중인 한국인 학습자는
상위인지전략을 많이 사용하고 있는 반면, 한국 내 중국어 학습자는 인
지전략을 더 많이 사용한다고 밝혔다.

那剑(2009)의 연구에서는 48명의 한국인 유학생과 40명의 유럽·미국
유학생을 대상으로 Oxford(1990)의 6가지 학습전략 분류에 따라 비교·
분석하였는데, 한국인 유학생과 유럽·미국 유학생 모두 사회적 전략의
사용이 가장 많았고, 기억전략의 사용에서 유럽·미국 학생이 한국인
유학생보다 더 많이 사용하는 것으로 나타났다. 또한 이러한 연구결과
를 바탕으로 효율적인 중국어 말하기 교육 방안을 제안하였다.

卞舒舒(2010)는 复旦大学의 단과대학인 国际文化交流学院에 재학 중
인 72명의 한국 유학생과 36명의 일본 유학생을 대상으로 우수한 학습
자가 말하기 학습에서 사용하는 학습전략에 대해 연구하였다. 이 논문
도 Oxford(1990)의 6가지 학습전략 분류에 따라 학습전략을 분석하였는
데 제일 많이 사용하는 학습전략으로는 보상전략과 사회적 전략이고,
그 다음 상위인지전략과 인지전략이며, 제일 적게 사용하는 학습전략으
로 정의적 전략과 기억전략으로 나타났다. 또한 학습자 변인별 학습전
략을 분석하였는데, 일본 유학생이 한국 유학생보다 보상전략을 많이
사용하지만, 기타 학습전략 사용에서는 한국 유학생이 일본 유학생보다
월등히 많이 사용하고 있다고 밝혔다. 성별에 따라 학습전략 사용에는
유의미한 차이를 보이지 않았으나, 학습기간, 연령, HSK 수준에 따라

학습전략 사용에 유의미한 차이를 보이고 있는 것으로 밝혔다.

위에서 본 연구들을 종합해 보면, 국내 학습전략 관련 연구들이 영어 교육에 편중되어 있고, 중국어 교육에서 학습자 변인을 고려한 학습전략 연구는 아주 적은 실정이다. 또한 연구 결과가 학자에 따라, 연구대상에 따라 상이하게 나타났지만, 주목할 만 한 것은 CFL 또는 EFL 환경과 CSL 또는 ESL 환경에서의 학습전략 사용은 차이가 있으며, 목표어 환경에서 학습자들이 사회적 전략을 많이 사용하고 있다는 결론을 도출해냈다는 것이다. 또한 대부분 연구들은 학습자들의 성별, 국적, 학습기간 등 개인적 특성을 학습자 변인으로 설정하여 조사를 진행하였지만, 학습자들의 자기주도 학습능력 등 정의적인 특성을 고려한 연구는 드물다. 본 연구에서는 학습자들의 개인적 특성뿐 만 아니라 정의적 특성도 학습자 변인으로 선정하고 Tandem 학습법을 적용한 CFL 환경에서의 중국어 학습이 과연 기존연구에서 밝힌 CSL 환경에서의 학습효과를 얻을 수 있는지도 함께 검증해보고자 한다.

II

이론적 배경

본 연구에서는 Tandem 학습법을 활용한 중국어 수업에서 학습자의 Tandem 학습 관련 변인이 학습전략에 어떤 영향을 미치는지를 알아보고자 한다. 따라서 이 장에서는 Tandem 학습법의 이론적 기저가 되는 협동학습이론과 자기주도학습이론을 살펴보고, Tandem 학습법을 활용한 중국어 수업에서 한국인 중국어 학습자들의 여러 가지 변인과 학습전략을 이론적 측면에서 고찰하고, 이러한 이론들이 Tandem 학습법에서는 어떻게 구현되는지 Tandem 학습법 이론 정립의 차원에서 알아보고자 한다.

1. 협동학습과 자기주도학습

이 절에서는 Tandem 학습법의 이론적 기저라고 할 수 있는 협동 학습이론과 자기주도 학습이론의 개념과 특징, 구성요소를 중심으로 알아보고, Tandem 학습법과 어떤 연관이 있는지 살펴보겠다.

1) 협동학습의 개념과 특징

협동학습(cooperative learning)구조는 경쟁 학습 구조와 개별 학습 구조가 가지고 있는 인지적, 정의적 약점들을 동시에 제거하고, 아동의 지적 발달의 연구에서 밝혀 낸 발달 심리와 집단 구성원의 상호작용에 관한 사회 심리학의 연구 업적에 기초하여 1940년대에 Deutch가 새롭게 형성시킨 이론이다. 그후 많은 연구가들이 이를 교실 현장에 실험해 봄으로

써 그 효과를 검증하여 확신을 가진 하나의 교육 운동으로 전개된 것이
다. 특히 이러한 연구 붐은 1970년대 후반부터 활발하였는데 존스 홉킨
스(Johns Hopkins) 대학의 Devries와 Edward가 체계적으로 협동 학습의
실험 연구를 시작하였고, Johnson과 Johnson, Slavin 등에 의하여 협동
학습 연구가 크게 전개되었다.

협동학습(cooperative learning)이라는 용어와 협력학습(collaborative learn-
ing)이라는 용어를 상호 교환적으로 사용하기도 하는데 대개 전자를 많
이 사용한다. 이러한 약간의 용어의 혼란이 나오게 된 것은 'cooperative
learning'와 'collaborative learning'이 서로 다른 접근법에서 출발하여
따로 발전해 왔기 때문이다(Brody & Davidson, 1998). 'cooperative learn-
ing'은 Lewin(1948, 1951), Moreno(1953), Dewey(1916, 1938), Lippitt(1940,
1962), Deutsch(1949), Miel(1952) 등 사회심리학자들의 이론에 기초하여
Edmonds(1979), Johnson(1970), Sharan과 Sharan(1979), Slavin(1983), Cohen
(1986), Schmick(1968, 1997) 등이 미국을 중심으로 연구하고 발전시켜
왔다. 그러나 같은 기간에 구성주의자들인 Vygotsky(1978), Piaget(1978),
Meade (1978), Kuhn(1970), Kelly(1955), Rorty(1979) 등이 영국을 중심으
로 'collaborative learning'를 연구해 왔다. 이들이 서로 다른 뿌리를 가
지고 다른 방법과 다른 연구를 수행해 왔지만 지향점은 같기 때문에
오늘날은 서로 대립적 관계보다는 상호 포용하는 관계로 발전되어 용
어 사용에 대해서 큰 문제를 삼고 있지는 않다. 그러나 'collaborative
learning'보다는 'cooperative learning'이 더 일반적으로 많이 사용된
다.[17)]

Slavin(1987)에 의하면 협동학습이란 학습능력이 각각 다른 학생들이
동일한 학습목표를 향하여 소집단 내에서 함께 활동하는 수업 방법이

---

17) Brody & Davidson(1998:3-24) 참조.

다. 여기서 집단 구성원들이 성공적인 학습을 위하여 서로 격려하고 도움을 주는 가운데 '개인은 전체를 위하여(one-for-all), 전체는 개인을 위하여(all-for-one)노력하는 태도를 가지게 되고 집단구성원들의 성공적인 학습을 위하여 서로 격려하고 도움으로써 학습부진을 개선한다고 보았다.

Cohen(1994)에 따르면 협동학습을 모든 학습자가 명확하게 할당된 공동 과제에 참여할 수 있는 소집단에서 함께 학습하는 것으로 정의하였다. 따라서 협동학습은 소집단의 구성원들이 공동으로 노력하여 주어진 학습과제나 학습목표에 도달하는 수업방법이라고 할 수 있다.

Kagan(1999)에 의하면 협동학습은 전통적인 방법에 비해 교육목표 달성을 전체적인 범주에서 이루어갈 수 있도록 보다 효율적인 방법을 제공하며 각 교사의 가치관이나 신념에 따라 각 교실에서 각기 다른 그림을 그릴 수 있다. 따라서 협동학습이 교과에 관한 학생간의 협동적인 상호작용을 학습과정의 부분으로 받아들이는 일련의 교수전략으로 정의하였다.[18]

박성익(1985)은 협동학습을 집단구성원 개개인이 소속된 집단 구성원 모두에게 유익한 결과를 가져오고자 서로 협동하여 학습을 전개하는 방법이라고 소개하고 있다.

이희도(1997)는 협동학습은 소집단을 활용하여 학생들이 특정 과제 수행을 위해서 돕는 학습 형태 모두를 포함하며, 이러한 협동학습은 경쟁학습과 개별학습의 결점을 보완하고, 모든 학생들의 학업성취뿐만 아니라 바람직한 사회적, 정서적 발달을 도모하기 위한 방법으로서 오랫동안 현장 교사들에 의해 사용되어 온 교수방법이라고 했다.

---

18) 임희경(2009:6) 참조.

변영계·김광휘(1999)에서는 협동학습은 소집단의 구성원들이 공간적으로 밀접하게 모여서 학습할 내용을 서로 토론하여 계획하고 학습할 내용을 서로 분담하여 구성원 각자가 부여된 몫을 다함으로써 학습집단 전원 모두가 주어진 학습목표를 성취하도록 하는 수업방법이라고 했다.

위에서 살펴본 바와 같이 협동학습의 개념은 연구자들에 의해 조금씩 다르게 정의되고 사용되었지만 협동의 중요성을 인식하고 소집단 구성원 모두가 협동하여 학생 자신과 동료의 학습효과를 최대로 하고 학습목표에 효율적으로 도달할 수 있도록 구조화시킨 수업임을 알 수 있다.

협동학습(cooperative learning)은 소집단이 공동 목표를 성취하기 위해 동료들과 함께 학습하는 구조화된 체계적인 수업 기법이다.[19] 즉 집단 구성원들의 학습을 최적화시키기 위해 소집단을 활용하는 구조화된 수업형태가 협동학습이다.

사회심리학을 바탕으로 한 협동학습은 '사회적 상호작용'을 강조하였는데, 집단을 '역동적인 전체'로서 구성원 간의 상호 의존성이 존재하며, 집단 구성원이나 하위 집단의 변화는 다른 구성원의 변화를 초래한다고 하였다. 이 형태의 수업은 학생들의 학습 환경 전체가 학생 및 교사의 상호작용이 원활한가 그렇지 않은가에 영향을 받기 때문에 학습의 목표와 상호작용은 밀접한 관계를 지니게 된다.[20] 협동학습은 집단 간의 협력과 전략을 사용함으로써 상호 의존하고 상호 작용하는 것을 강조한다.

또한 Piaget와 Vygotsky의 인지 발달 이론은 개인과 환경과의 상호작용과 지식의 사회적 맥락성을 강조하면서 학습자 간의 상호 작용 과정

---

19) Slavin(1991:71) 참조.

20) Johnson & Johnson(1999:6-8) 참조.

에서 발생하는 갈등과 인지불균형을 해결해 나가는 과정에서 개인과 집단의 목표가 동시에 달성될 수 있다고 본다. 수업 현장에서 학습자가 속한 집단의 학습 목표가 성취되는 만큼 학습자 개인의 학업 성취도 동반하여 이루어진다는 것이다. 이는 협동학습의 목표에 중요한 개념을 제공해 준다.

Kimber(1996)는 협동학습에 관한 연구문헌들은 다음과 같은 공통된 특징들이 있다고 보았다.

첫째, 학습은 교사 중심적인 활동이 아니라 학생 기반 활동에 중점을 두고 있다는 것이고,

둘째, 교사들에게서 해답을 찾기보다는 공통된 탐구 문제의 해답을 찾기 위해서 서로 조력하는 학생들을 강조한다는 것이며,

마지막으로 학습은 학생 집단간에 자료를 수집하고, 분석하고, 토론함으로써 문제를 해결하는데 기반을 둔다는 것이다.[21]

정문성(2006)은 협동학습 이론은 모둠 구성원 간의 긍정적 상호작용을 최대화해서 인지적 발달을 도모하는 것을 특징으로 하고 있다고 하였다.

첫째, 수업의 목표가 구체적이고 각 학습자는 목표 인식도가 높다.

둘째, 학습자 간에는 긍정적 상호의존성(positive interdependence)이 있다.

셋째, 대면적 상호작용(face-to-face interaction)이 있다.

넷째, 개별적 책무성(individual accountability)이 있다.

다섯째, 모둠목표가 있다.

여섯째, 이질적인 모둠 구성을 특징으로 한다.

일곱째, 모둠과정(group process)을 매우 중시한다.

---

21) 오기열(1998:18) 참조.

여덟째, 학습시간의 융통성을 가지고 있다.

아홉째, 성공 기회가 균등(equal opportunities for success)하다.

열째, 모둠의 단합을 강조한다.

열한째, 과제의 세분화이다.

열둘째, 동시다발적 상호작용(simultaneous interaction)이다.

이상의 특징들은 모든 협동학습 모형에서 공통적으로 나타나는 것은 아니다. 이러한 협동학습의 특징은 협동 학습의 종류에 관계없이 구성원 사이의 상호작용을 최대화시키는 역할을 하며, 이런 특징이 많이 반영된 협동 학습 모형이 더 좋은 효과를 나타낼 가능성이 많은 것이다.

2) 협동학습의 원리와 모형

대부분의 협동학습 연구자들은 협동학습의 효과를 극대화시키기 위해서는 많은 요인들이 구조화되어야 한다는 데 의견을 같이한다. 협동학습의 기본원리를 제대로 파악하지 못하고 구조화 시키지 못한다면 협동학습의 효과를 얻을 수 없으므로 협동학습의 원리를 이해하고 구조화시키는 것은 매우 중요하다고 할 수 있다.

협동학습의 원리에 대해서는 학자들마다 약간 차이가 있다.

Artzt & Newman(1990), Sutton(1992), Leikin & Zaslavsky(1999) 등은 협동학습의 기본 요인에 대해 다음과 같이 주장하였다.

첫째, 학생들은 하나의 소집단에서 2~6명이 함께 학습한다.

둘째, 집단 구성원들이 상호 긍정적으로 의존해야만 해결할 수 있는 과제가 제시되어야 한다.

셋째, 집단의 모든 구성원들이 학습과제에 관해 서로 상호작용할 수 있는 기회가 동등하게 제공되어야 할 뿐만 아니라 자신의 아이디어를 다양한 방법으로 전달할 수 있는 학습 환경이 필요하다.

넷째, 집단의 구성원들은 집단작업에 기여할 책임과 집단의 학습 향상에 공동의 책임이 있다.

Slavin(1995)은 협동학습의 기본원리로 여섯 가지로 제시하고 있다.

첫째, 집단 목표(group goals)로, 대부분 협동학습이 어떤 형태로든 가지고 있는 소집단의 공동 목표이다.

둘째, 개별적 책무성(individual accountability)인데 이는 모든 구성원이 자신에게 부여된 자료를 학습하는 동시에 다른 구성원이 학습하는 것을 도와주어야 함을 의미한다.

셋째, 균등한 성공기회(equal opportunity)로, 학업능력에 관계없이 구성원 누구나 집단의 성공에 기여할 수 있는 기회가 주어진다는 것을 뜻한다.

넷째, 집단경쟁(team competition)으로, 집단 간에 경쟁을 도입함으로써 학습동기를 촉진시키려는 것이다.

다섯째, 과제 세분화(task specialization)는 구성원들에게 집단 과제의 부분에 대한 책임을 맡기기 위하여 특별한 과제를 부여하는 것이다.

여섯 째, 개별적 적용(adaptation to individual)으로 이는 대부분의 협동학습 방법들이 집단 보조 수업으로 이루어지고 있는 것을 보완하기 위하여 학습자 개인적 필요를 충족시킬 수 있도록 수업을 적합하게 만드는 것이다.[22]

Johnson & Johnson(1999)은 협동학습의 기본 원리를 5가지로 주장하였다.

첫째, 긍정적 상호의존성(positive interdependence)이다. 이것은 '우리들이 성공하기 위해서는 너와 나 모두 성공해야 한다.'는 것을 의미한

---

22) 강흥숙(2006:8-9) 참조.

다. 긍정적 상호의존성이란 학생들 개개인이 집단의 성공을 위해 자신 뿐만 아니라 동료들도 성취해야 하기 때문에 서로 도움을 주는 관계를 의미한다.

둘째, 대면적 상호작용(face-to-face)이다. 이것은 집단 구성원 각자가 집단의 목표를 성취하기 위해 다른 구성원들의 노력을 직접 격려하고 촉진시켜 주는 것을 의미한다.

셋째, 개별책무성(individual accountability)이다. 이것은 과제를 숙달해야 하는 책임감이 각 학생들에게 있다는 것을 의미한다. 즉 집단의 구성원으로서 각 학생들의 수행에 대한 평가 결과가 그 학생이 속해 있는 집단과 자신에게 적용될 때 개별책무성이 존재하게 된다.

넷째, 사회적 기술(social skills)이다. 사회적 기술이란 집단 내에서의 갈등 관리, 의사결정, 효과적 리더십, 능동적 청취 등을 의미하며, 협동적 노력이 성공하기 위해서는 이와 같은 사회적 기술이 요구된다.

마지막으로 집단과정(group processing)이다. 특정한 집단이 의도한 목표를 성취하기 위해서는 집단구성원들 각자가 목표를 얼마나 잘 성취하고 공동의 목표를 달성하기 위해 얼마나 노력하고 협력했는지에 대한 토론과 평가가 필요하다.

Doolittle(1995)은 소집단 학습이 진정한 의미의 협동학습이 되도록 하기 위한 기본요소를 다음과 같이 들고 있다.

첫째, 긍정적 상호의존이다. 이것은 집단구성원이 개인의 목표, 집단 내 다른 성원의 목표, 전체 집단의 목표를 달성하는데 집단의 협동이 필요하며 이것이 중요하다고 생각할 때 이루어진다.

둘째, 대면상호작용이다. 이것은 과제를 수행하고 성공적으로 집단 목표를 달성하기 위해 집단구성원들의 노력을 격려하고 촉진하는 것과 관련된다.

셋째, 개인적 책임감이다. 이것은 관련된 자료를 숙달하기 위해 각 학생들이 지속적으로 책임감을 갖는 것과 관련된다.

넷째, 집단 자기평가이다. 집단 자기평가의 목표는 모든 집단구성원들이 집단목표를 달성하기 위해 협동적 노력을 하여 이루어낸 산출물을 분명히 하고 향상시키는 것이다.[23)]

Kagan(1999)은 네 가지 원리가 협동학습의 기초를 이룬다고 주장하였다.

첫째, 동시다발적인 상호작용이다.

둘째, 긍정적인 상호의존이다. 긍정적인 상호의존은 개개인이나 모둠의 성과가 서로 간에 긍정적으로 연계되어 있을 때 나타난다.

셋째, 개인적 책임 제도로 학문적 성취에 도움이 된다.

넷째 동등한 참여를 기본원리로 한다. 참여는 학생들의 성공에 가장 기본적인 요소이며, 나아가 동등한 참여는 모든 학생들의 성공을 위한 기본적 요소이다.

위에서 본 바와 같이 협동학습 기본원리가 무엇인가에 대해서는 여러 주장이 있으나 가장 핵심적인 요소로서 '긍정적 상호의존성(positive interdependence)'과 '개별적 책무성(individual accountability)'을 드는 데에는 대부분 의견이 일치하고 있다. 즉 협동학습은 팀 구성원간의 상호신뢰를 바탕으로 한 공동 노력과 개개인의 적극적 참여를 통한 책임 완수를 요구한다.

1970년대 이래로 협동학습에 대한 관심이 전 세계적으로 증가하면서, 수많은 모형들이 개발되고 이에 대한 다양한 연구들이 이루어져 왔다. 이들 협동학습 모형 중에서도 70년대 초에 시작된 네 곳의 주요한 협동

---

23) 최보금(2006:13-14) 참조.

학습 연구 중심지에서 개발된 다음의 7가지 모형이 가장 널리 활용되고 있다.

첫째로, 존스 홉킨스(Johns Hopkins)대학에서 Slavin, Madden & Devries 에 의하여 만들어진 프로그램들로서, 성취과제분담학습 모형(Student teams achievement division: STAD), 팀보조개별학습 모형(Team Assisted Individualization: TAI), 토너먼트식게임 모형(Team-Games-Tournament: TGT), 읽기와 쓰기통합 모형(Cooperative Integrated Reading and Composition: CIRC) 등의 네 가지 협동학습 모형이 있다.

둘째로, 미네소타 대학에서 Johnson 등에 의해서 만들어진 함께 학습하기 모형(Learning Together: LT)모형이다.

셋째로, 산타크루즈 캘리포니아 대학의 Aronson이 만든 Jigsaw 모형이다.

넷째로, 이스라엘 텔아비브 대학의 Sharan과 Lazarowitz 등이 만든 집단탐구 모형(Group Investigation: GI)이다.[24]

이 외에도 Jigsaw II를 수정한 Jigsaw III, GI를 정교화 시킨 Co-op Co-op모형, Stahl의 일화 모형, 찬반(Pro-con)논쟁 수업 모형, 아동 발달 모형(CDP) 등이 유명하다.

이들 연구에 따르면 협동학습 모형들은 집단 간의 협동을 강조하는가, 아니면 집단 간의 경쟁을 강조하는가에 따라 학생 팀학습(Student-Team Learning: STL)유형과 협동프로젝트 모형(Cooperative Projective: CP)으로 나눌 수 있다.[25] 학생팀 학습 모형(STL)들은 집단 내에서는 협동을 하지만 집단 간에서는 경쟁을 유도하는 특징을 지니고 있으며, 협동프

---

24) 강홍숙, 앞의 논문 p.20 참조.
25) 임채수(2001:15-16) 참조.

로젝트 모형(CP)들은 집단 내에서뿐만 아니라 집단 간에서도 협동을 추구하는 모형들이다.

① 학생팀 학습 모형(Student-Team Learning)

학생팀 학습 모형(STL)에서는 성취과제 분담학습 모형(STAD), 팀보조 개별학습 모형(TAI), 토너먼트식게임 모형(TGT), 읽기와 쓰기통합 모형(CIRC) 등 네 가지 협동학습 모형이 있다.

성취과제 분담학습 모형(Studen Teams Achievement Division: STAD)

성취과제 분담학습 모형은 미국 존스 홉킨스(Johns Hopkins)대학의 Slavin 등이 개발한 학생팀 학습 모형 중의 하나로서 '집단보상(team rewards)', '개별책무성(individual accountability)', '성공 기회의 균등(equal opportunity)'이라는 세 가지 중심개념이 내재되어 있고, 학생팀 학습 모형에서는 가장 단순한 협동학습 모형이다.

토너먼트식 게임 모형(Teams-Games-Tournaments: TGT)

토너먼트식 게임 모형(TGT)은 존스 홉킨스(Johns Hopkins)대학에서 연구 개발된 STL 프로그램 중의 하나이다. 성취과제 분담학습 모형과 거의 비슷한 절차를 가지고 있지만 두 가지 점에서 차이가 있다. 하나는 성취과제분담학습 모형이 개인적인 퀴즈를 대비해서 학습하는 반면에 토너먼트식 게임 모형은 게임에서 좋은 성적을 얻기 위해 학습을 한다는 점이고, 다른 하나는 성취과제 분담학습 모형에서는 향상 점수로 학습 동기를 강화시키지만 토너먼트식 게임 모형에서는 게임에서 얻은 점수로 학습동기를 강화시킨다는 점이다. 그러나 두 모형 모두 모둠에 기여할 수 있는 기회가 균등하다는 점에서 동일하다.

팀보조 개별학습 모형(Team-Assisted Individualization: TAI)

Slavin 등이 1974년에 개발한 팀보조개별학습 모형(TAI)은 협동학습과 개별학습의 혼합 모형으로 수학 과목을 위하여 만들어졌다. 팀보조 개별학습 모형에서도 성취과제 분담학습 모형이나 토너먼트식 게임 모형에서처럼 4~6명 정도의 이질적 구성원이 한 집단을 형성한다. 프로그램화된 학습 자료를 이용하여 개별적인 진단 검사를 받은 후, 각자의 수준에 맞는 단원을 개별적으로 학습한다. 개별 학습 이후 단원 평가 문제지를 풀고, 집단 구성원들은 두 명씩 짝을 지어 문제지를 상호 교환하여 채점한다. 여기서 80% 이상의 점수를 받으면 그 단원의 최종적인 개별 시험을 보게 된다. 개별 시험 점수의 합이 각 집단의 점수가 되고 미리 설정해 놓은 집단 점수를 초과했을 때 집단은 보상을 받는다.

읽기와 쓰기 통합학습 모형(Cooperative Integrated Reading and Composition: CIRC)

읽기와 쓰기 통합학습 모형은 Madden, Slavin, Stevens가 만든 모형으로서 읽기, 쓰기 철자 등 언어 교육을 위해 만들어진 모형이다. 이 모형에서 학습의 효과는 짝 점검 활동이 얼마나 충실하게 이루어졌는가에 달려 있기 때문에 짝 활동을 강조하고 집단보상을 통하여 집단 구성원의 동료 교수활동을 자극한다. 다소 과정이 복잡하기 때문에 교사와 학생이 쉽게 할 수 있는 모형은 아니다. 읽기와 쓰기 통합학습 모형(CIRC)은 읽기, 독해 쓰기 기술의 향상을 목적으로 하며, 기본적 활동, 독해에 대한 직접교수, 통합적 언어와 쓰기와 같은 세 가지 주요 요소로 구성되어 있다. 이러한 모든 활동들은 이질 집단으로 구성된 집단 중심으로 이루어진다. 또한 모든 활동에는 교사의 설명, 집단의 연습, 개인적 연습, 동료의 점검, 보충연습, 평가의 절차로 진행된다.

② 협동프로젝트 모형(Cooperative Projective: CP)

협동프로젝트 모형에는 함께 학습하기 모형(Learning Together: LT), Jigsa 모형, 집단탐구 모형(Group Investigation: GI), 자율적 협동학습 모형 (Co-op Co-op) 등이 포함된다.

함께 학습하기 모형(Learning Together: LT)

LT 모형은 미국 Minesota 대학의 교육심리 교수인 D. Johsnson과 교육과정 교수인 R. Johnson 형제가 1975년에 개발하였고, 개발자의 이름을 따서 Johnson 모형이라고도 불린다. 이 모형은 구체적으로 조직화된 모형이라기보다는 협동학습의 일반적 원리에 가깝다. 그러므로 협동학습의 특성과 개념을 이해하는 데에는 도움이 되지만 수업에 구체적으로 적용할 정도로 정교하지는 못하다. LT 모형의 절차는 학습 목표의 제시, 의사결정, 모니터링과 게임, 평가로 이루어지는데 이 과정에서 교사가 긍정적 상호 의존성, 개별적 책무성을 높이고 집단 구성원 간의 대면적 상호작용, 집단 과정들이 잘 이루어질 수 있도록 수업을 구조화하는 것이 LT 모형이 효과적이기 위한 관건이다.

Jigsaw 모형

Jigsaw 모형은 1978년에 Aronson 등에 의해 개발되었다. 원래는 학업 성취보다 인종 간 문화 간의 교우관계와 같은 정의적 측면의 향상을 일차적 목표로 삼았다. 이 모형은 5~6명의 학생으로 구성된 이질집단으로 나누고, 학습과제를 집단 구성원의 수에 맞게 나누어 각 구성원에게 특정 내용, 즉 전문 과제를 할당한다. 집단의 각 학생은 학습 과제의 특정 분야를 집중적으로 학습하여 그 분야의 전문가가 되어 다른 학생을 가르칠 책임을 진다. 이 경우 전통적인 동료 교수와는 달리 모든 학생이 교사와 학생의 역할을 동시에 수행한다. 전체 학습과제에 대한 학습이 끝난 후 학생들은 시험을 보고 개인의 성적대로 점수를 받는다. 이러한 모형은 개별 학생의 입장에서 볼 때 과제 상호의존성은 매우 높으나 보상 상호의존성은 없다.

집단탐구 모형(Group Investigation: GI)

GI 모형은 이스라엘 텔아비브 대학교의 Shlomo Sharan & Yael Sharan에 의해 개발된 모형으로 협동학습 모형을 포함한 다른 어떤 모형보다도 학생이 학습 활동에 대한 강한 통제력을 행사할 수 있도록 하는 특징을 갖고 있다. 이 모형에서는 교사가 탐구 주제를 제시하면 학생들의 토론을 통하여 질문을 범주화하여 소주제를 정하고, 소주제를 중심으로 학생들은 집단을 구성한다. 각 집단은 자기들이 선택한 소주제에 대해 보다 구체적으로 무엇을 어떻게 연구하고 누가 어떠한 역할을 맡을 지를 정한 다음 집단별 탐구를 실행한다. 각 집단은 탐구의 결과를 전체 학습에서 발표하고, 발표 후 일정 시간이 지난 다음 시험을 통해 평가가 이루어진다. 이 모형은 교사의 지도를 최소화하고, 학생들이 문제 해결의 모든 과정을 협력해서 결정한다. 집단 탐구는 외재적 보상을 최소화하고 내재적 보상에 크게 의존한다.

자율적 협동학습 모형(Co-op Co-op)

Co-op Co-op 모형에서는 학급 전체가 학습할 주제를 토론과정을 거쳐 직접 선정하고, 학생들은 각자의 흥미에 따라 소집단을 구성한 다음 소집단 내에서 자신이 수행할 주제를 다시 선택하여 집단의 과제를 완성하고, 각 집단의 과제가 함께 모여 전체 학습의 학습주제를 숙달하도록 하는 구조다. 또한 Co-op Co-op 모형은 집단 내의 협동과 집단 간의 협동을 강조해서 학급 전체가 특정한 주제와 관련된 학습 경험을 나눌

수 있도록 구성되었다. 아울러 집단 구성원들이 함께 공부하고 자신들
의 이해의 폭을 확장할 수 있는 기회를 최대한 제공할 뿐만 아니라 각
집단들이 협동을 통하여 산출한 결과물을 학급 전체가 나눌 수 있도록
함으로써 다른 집단의 학생들 역시 이득을 얻게 된다.

　이상의 연구를 통해 알 수 있듯이, 협동학습은 상호간의 협동관계를
유지하면서 학습과제를 개인 간 집단 간에 협동적으로 수행하므로 외국
어 수업 현장에 적용했을 때, 수업 중 의사소통이 활발하게 진행되어
효율적인 외국어 학습 환경을 만들어 줄 수 있다. 또한 책임감과 자율성
을 향상시켜주며, 구성원 간의 친밀한 정서적 분위기를 만들어 주는 교
수학습 방법이라고 할 수 있다.

　Tandem 학습법은 협동학습의 많은 모형 중 소집단 협동학습의 형태
를 띠고 있으며 그 성격이 다른 협동학습보다는 Co-op Co-op 수업과
제일 근사하다. 주어진 수업 주제에 따라 각 팀은 세부 주제와 해결해야
할 과제, 팀원의 목표를 다시 정하고 준비한 각자의 학습자료에 따라
학습이 진행되며, 경우에 따라 다른 팀원에게 도움과 자문을 요청할 수
도 있다. 또한 발표수업을 통해 각 팀별 학습경험과 학습전략을 소개하
고 그 정보를 전체 구성원들과 공유하게 된다.

3) 자기주도학습의 개념과 구성요소

　학문적으로 자기주도학습 이론은 1961년 Houle의 "탐구하는 마음"이
라는 저서로부터 시작되었다. 이 저서에서 사용된 자기교육(self-education),
스스로 가르침(autodidactics)이란 교육의 관심이 교사나 교육 내용이 아
닌 학습자에게 두었다는 것과 학습자들이 배움을 계속하는데 영향을 주
는 요인을 탐구하려 했다는 점에서 높이 평가되고 있다. 이후 자기주도

학습은 Tough(1967)에 의해 본격적인 연구가 시작되었고 Knowles(1975)에 이르러 체계화되기 시작하였다.[26]

Knowles(1975)에 따르면 "자기주도학습이란 타인의 조력여부와는 상관없이 학습자가 스스로 자신의 학습요구를 진단하고 학습목표를 설정하며 학습에 필요한 인적, 물적 자원을 확보하고 적합한 학습전략을 선택, 샐행하여 자신이 성취한 학습결과를 스스로 평가하는데 개인이 주도권을 갖는 과정"이라고 보았다.

Knowles의 이러한 단계적인 과정은 Spear와 Mocker(1984)에 의해 비판을 받았다. 즉 자기주도학습이란 학습자들이 사전에 과정ㆍ단계들을 규칙적이며 순서적으로 계획한다기보다는 그때 그때 발생하는 상황에서 임기응변식으로 대응 선택하는 것에 의해 학습이 유인되는 경향이 있다고 하여 선형적으로 정의되고 있는 자기주도학습의 과정이 수정 될 필요가 있음을 지적하기도 하였다.

Long(1994)은 자기주도학습의 개념을 "강력한 타인의 지도를 다소 받거나 전혀 받지 않거나 간에 학습자가 스스로의 통제와 관리를 통해 어떤 학습에 임하고 집중하며 문제를 제기하며 비교, 대조하는 일련의 메타인지적인 행동(meta-cognitive behavior)을 수행하는 인지적 과정"이라고 정의하고 있다.

자기주도학습은 1960년대부터 70년대에 걸쳐 북미지역을 중심으로 본격적으로 논의되어져 현재에 이르고 있는데, 그 짧은 역사에 비해 혼란스러울 만큼 개념에 대한 학자들의 견해가 다양하다. 구체적으로 살펴보면 아래와 같은 몇 가지 요인들에 대한 해석에 따라 다양하고 복잡하게 설명되어진다.

---

26) 정지웅ㆍ김지자(1995:3-10) 참조.

첫째, 학습자가 갖고 있는 독립성의 의미를 어떻게 보느냐 하는 문제.

둘째, 자기주도성의 의미를 능동적인 자율성에 의한 학습참여로 볼 것인가?

셋째, 학습이라는 개념을 학습결과의 평가로 볼 것인가 아니면 학습과정 전체에 대한 것으로 해석할 것인가?

넷째, 자기주도학습을 사회적(Socialogical) 독학의 관점에서 학습자가 학습조력자인 교사나 기타 성인, 타 학습들과의 접촉으로부터 고립적인 상태에서의 기인학습으로 볼 것인가?

다섯째, 심리학적(Psychological) 관점에서의 학습자가 얼마만큼 능동적이고 자율적인 학습참여 동기를 가지고 있느냐?

여섯째, 자기주도학습을 형식적이며 제도권 내의 교육으로 볼 것인가 아니면 비형식적이며 최소한의 제도권 외의 교육으로 볼 것인가 하는 등의 문제들이 자기주학습의 개념 규정에 많은 영향을 준다.[27]

① 인성적 특성으로서의 자기주도학습

인성적 특성으로서의 자기주도학습을 이해하는 관점의 대표적인 학자는 Guglielmino(1977), Skager(1978), Sabbaghian(1980) 등이 있으며, 이들은 자기주도학습자의 정의적이고 심리적인 특성과 인지적 능력이 무엇인가를 규명하는데 관심을 두고 있다.

Guglielmino(1977)는 자기주도학습과 관련된 개인적 특성을 학습기회에 대한 개방성, 효율적인 학습자라는 자아개념, 학습에서의 솔선수범, 자신의 학습에 대한 책임감, 학습에 대한 애정과 열성, 학습자의 미래지향성, 창의성, 기본적인 학습능력과 문제해결능력의 사용 등 여덟 가

---

27) 이지혜(2009:34) 참조.

지 영역으로 나누어서 제시하였다. 이와 유사한 관점에서 Skager(1978)는 자기수용성, 계획성, 내재적 동기, 내면화된 평가, 경험에 대한 개방성, 융통성, 자율성 등으로 제시하고 있으며, Kasworm(1983)은 자기주도학습을 선천적이고 고유한 일련의 행동 내지는 성숙한 자기실현 학습자의 이상적 상태 등으로 표현하였다. 그러나 이러한 접근 방식은 자기주도성을 충분히 가지고 있는 학습자라 하더라도 정작 실제의 학습과정에서는 자기주도학습을 수행하지 못할 개연성을 배제하기 어려우며 자기주도학습의 여부가 학습자가 가진 일반화된 개인적 특성이나 능력에 달려 있기보다는 학습이 일어나는 구체적인 상황과 맥락을 통제하고 관리하는 능력에 달려 있다는 비판을 받고 있다.[28]

② 학습과정으로서의 자기주도학습

학습과정으로서 자기주도학습은 학습맥락에서 학습자의 주도성을 중시하는 것으로 대표적인 학자는 Tough(1967), Knowles(1975), Spear와 Mocker(1984) 등이 있다. 이들의 가장 기본적인 질문은 실제로 어떻게 하는 것이 자기주도학습인가라는 것이다.

Tough(1967)는 자기교수(Self-teaching)란 학습과정에 대한 계획과 방향 (directing)에 있어서 학습자가 책임을 지는 것으로 정의하고 있다.

Knowles(1975)는 자기주도학습을 학습자가 교사 혹은 외인의 도움이 있건 없건 간에 스스로 학습에 있어서 주도권을 가지고 학습의 필요성을 진단하는 일로부터 학습의 목표를 설정하는 일과 도움이 될 만한 인적, 물적 자원을 밝혀내고 적절한 학습전략을 선택하여 적응시키며, 그 학습의 결과를 평가하는 과정이라고 하였다.

---

28) Chen, A.(1983:47) 참조.

  Tough(1967)와 Knowles(1975)는 학습과정으로 자기주도학습을 보고 있지만, 차이점은 Tough(1967)는 비제도적인 상황에서 일어나는 독학의 개념으로 보았고, Knowles(1975)는 제도적, 비제도적인 상황 모두를 포함하고 있다는 데서 차이가 있다.

  Spear와 Mocker(1984)는 자기주도학습자에게는 자신이 처한 환경에 따라 학습 과정을 선택하고 자신의 학습과제를 구조화하는 경향이 있다고 하였는데, 이것을 환경조직화(organizing circumstance)라 하였다.

  이러한 논의를 종합해보면, 대부분의 학습자들은 Knowles의 견해와 같이 학습의 목표를 설정하고 사전설계를 함으로써 학습 과정을 규제하는 것이 아니라, 자신이 처한 상황과 환경에 따라 융통성 있게 학습활동을 조정해나가는 모습을 보인다. 따라서 자기주도학습의 관건은 사전의 학습설계나 학습목표의 설정, 그리고 그것을 준거로 하는 평가의 능력에 있다기보다는 실제로 학습이 이루어지는 맥락이나 상황 속에서 그에 맞는 학습 활동을 찾아 수행하는 능력에 달려 있는 것이다.[29]

  한편, 과정에 초점을 둔 자기주도학습의 연구들은 학습자가 자신의 학습활동과 관련된 방법적 차원을 스스로 조절하는 것에 집중하게 되며, 여기서 자기주도학습은 기법적 차원에 대한 것으로 규정되고 있다는 지적이 있다. 즉, 학습과정의 관점에서 자기주도학습은 이것이 구체적인 학습자가 수행하는 주도적이며 능동적인 학습에 대한 이론이 아니라, 전통적인 교실 수업의 절차들을 학습자가 능동적으로 수행해 보도록 교사나 교육관계자들이 조력하는데 유효한 교수 방법론으로 흐르는 경향이 있다는 의미이다.

---

29) 배영주(2003:23-25) 참조.

③ 통합적 관점으로서의 자기주도학습

자기주도학습의 개념을 보다 명확히 하려는 노력으로 자기주도성 (self-direction)의 개념에 대한 논의가 Chene(1983), Oddi(1986), Long(1989), Candy(1991), Brockett와 Hiemstra(1991) 등 여러 학자들에 의해 이루어졌다. 이러한 학자들은 자기주도성의 개념을 다양한 수준으로 이해하고 이를 연계시키고 통합하려는 입장을 취하고 있다.

Chene(1983)은 자율성(autonomy)이라는 개념을 언급하면서 두 가지 측면이 있다고 하였다. 하나는 심리적인 것이고 다른 하나는 학습자가 자율적이 되거나 훈련을 통해 자율성에 이르는 방법론적인 것이다. Oddi(1987)는 자기주도학습(self-directed learning)과 학습자의 자기주도성 (learner self-directed learning)이라는 용어를 사용하여 개념을 보다 명확히 하였다. 즉 자기주도학습이란 학습자가 학습을 계획하고 실행하고 평가하는 것에 대해 책임을 지고 수행하는 과정이며, 교육관계자나 학습 자료들은 이 과정을 돕는 역할을 한다. 반면, 학습자의 자기주도성은 배움에 있어 과정의 외적 특성과 내적 특성 둘 다를 포함하며, 여기에서 개인이 학습경험에 일차적으로 책임을 진다.

Long(1989)은 이러한 논의들을 정리하여 자기주도의 개념을 세 가지의 수준으로 정리하였다. 학습자의 여러 종류의 고립에 따른 사회적 수준, 학습자의 학습욕구 및 전략의 조직화 그리고 차원의 획득에 따른 교육학적 수준, 학습의 정신적 활동에 따른 심리학적 수준에서의 자기주도성에 대해 논의하면서 각각 사회적 독학, 교육학적 통제 정도, 학습자의 능동적인 자율성으로 이해하고자 하였다.

최근 한국 내 교육에서 논의되고 있는 자기주도학습은 두 가지 의미로 규정되는데 약한 의미로 규정하면, 학교 과정의 테두리 안에서 교육을 시행하되, 학생들이 교육의 주체로서 교수학습과정에 보다 적극적으로 참여하는 학습활동을 의미한다. 즉, 교육과정에 이미 제시된 교육목표, 교육내용, 교육방법 등의 테두리 안에서 학생이 보다 능동적으로 수업에 참여하도록 하는 학습활동을 의미한다. 강한 의미로 규정하면, 학생은 타인에 의해 미리 계획된 교육과정에 따라 학습활동에 참여하기보다는 자신의 관심과 흥미, 적성에 따라 교육의 전 과정을 스스로 형성해 가는 학습활동을 의미한다. 즉 자기주도학습은 자신의 관심이나, 흥미, 적성 등에 따라 학생 스스로 학습활동의 목적, 내용, 방법, 평가 등을 설정하고 실행하는 것을 뜻한다.[30]

유귀옥(1997)에 의하면 학습자의 자기주도 학습능력은 자기주도학습을 성공적으로 달성하는 원동력이자 자기주도학습을 가능하게 해주는 전제조건이 되는 것으로서 학습에서의 자기주도성은 다양한 학습상황에서 발생할 수 있고, 학습상황이 아무리 강압적이라 할지라도 궁극적으로 자기주도학습의 발생에 영향을 미치는 것이 학습특성이라고 하였다. 현정숙(1999)에 따르면 자기주도학습 특성은 자기주도학습 준비도, 즉 학습자의 자기주도 학습에 대한 준비상태나 그 정도와 관련이 있다고 보아 자기주도학습 특성과 자기주도 학습능력을 동일한 의미로 사용할 수 있다고 밝혔다.

이진화 · 김지모(2006)에 의하면 자기주도학습자의 정의적, 심리적 특성과 인지적 능력은 학습자의 자기주도성 혹은 자기주도 학습능력이라는 용어로 정의될 수 있는데 자기주도학습 준비도는 학습자의 자기주도성 또는 자기주도학습력에 대한 조작적 개념으로 개인의 정의적인 특성뿐 아니라, 기본적인 문제해결력과 같은 인지적 능력을 측정하는 메타적 개념으로 이해할 수 있다고 하였다. 최근에는 자기주도학습 준비도가 학습자의 자기주도성 또는 자기주도학습능력과 동일한 수준의 개념

---

30) 김판수 · 백현기(2007:26) 참조.

으로 사용되고 있다.

상기의 많은 연구들을 토대로 다면적인 구성요인으로 정의될 수 있는 자기주도학습에서 자기주도 학습능력, 자기주도학습 준비도, 자기주도 학습의 특성, 자기주도성 등이 모두 유사 의미를 지닌 용어로 사용되고 있음을 알 수 있다.

자기주도학습의 구성요소는 자기주도 학습능력을 측정하는 척도에서 연구자에 따라 다양하게 규정되고 있다. 성인학습자의 자기주도 학습수준을 측정하는 다양한 도구 중에서도 자기주도 학습의 개념을 일반화시키고 특히 성인들의 학습활동을 활성화하는데 큰 영향을 미쳤던 것이 Guglielmino(1977)의 SDLRS(Self-Directed Learning Readiness Scale)이다. 그녀는 자기주도학습이 한 사람의 자기주도학습 가능성을 만들어내는 태도, 가치, 능력의 복합체로 이루어져 있다고 하면서 자기주도성을 자기주도학습을 시작할 심리적 준비성의 내적 상태를 의미하는 준비도로써 측정할 수 있다고 보았다. Guglielmino는 성인교육 및 자기주도 학습 전문가 14명을 Delphi 방법으로 참여시켜 자기주도적인 학습자의 중요한 성격특성에 관한 3차에 걸친 조사와 이를 토대로 한 검사문항에 대한 동질성 분석 및 요인 분석을 행하여 자기주도학습자를 묘사하는 여덟 개의 요인 즉 학습에 대한 개방성, 효율적인 학습자로서의 자아개념, 학습에 대한 주도성 및 독립성, 학습에 대한 책임감, 학습에 대한 열성, 창의성, 미래지향성, 문제해결능력을 추출하였다. 이 요인에 따라 Likert 방식에 의한 5단계 58개 문항이 주어진 자기보고형식의 질문지인 SDLRS를 개발하였으며, 각 문항들은 자신의 학습에 대한 태도 및 학습에 대한 선호도에 관련된 질문으로 구성되어 있고 자기주도학습의 정도를 나타내고 있다. Guglimino가 추출한 8개의 요인은 다음과 같다.

첫째, 학습기회에 대한 개방성으로 학습에 대한 높은 관심과 항상 학습하려는 태도, 지식의 근원에 대한 탐구심, 학습에 대한 지적인 애정, 그리고 학습에 대한 자신의 책임감을 의미한다.

둘째, 효율적인 학습자로서의 자아개념으로 자기주도학습에 대한 확신, 개인적으로 학습시간을 조직하는 기술과 자기도야(self-discipline), 활용할 수 있는 학습자원에 대한 지식 등을 의미한다.

셋째, 학습에 대한 주도성 및 독립성으로 자신의 학습욕구를 진단하고 학습경험을 계획하는데 참여하는 것을 선호하며 혼자 학습할 수 있는 자신의 능력에 대한 믿음, 어려운 문제를 포기하지 않고 열심히 추구하는 성향, 학습시간을 조직하고 새로운 학습을 계획하여 시작할 수 있는 능력을 포함하여 학습을 솔선수범하는 것을 의미한다.

넷째, 자신의 학습에 대한 책임감의 수용으로 관심 있는 주제에 대해 진지하게 학습하려는 의지, 교육의 탐색적인 성향에 대한 믿음, 적극적으로, 자신의 학습 전 과정을 평가하며 책임지려는 성향을 의미한다.

다섯째, 학습에 대한 애정 및 열정으로 학습하려는 강한 욕구를 보이고 체계적인 학문 탐색을 즐기는 태도와 가치관을 갖고 있으며 지속적으로 학습하려는 사람을 존경하는 성향을 의미한다.

여섯째, 창의성으로 기존의 방식을 따르지 않고 새로운 방식으로 문제를 해결하며 이로 인해 발생하는 위협을 감수하면서까지 하나의 주제에 다양하게 접근할 수 있는 능력을 의미한다.

일곱째, 미래지향성으로 평생학습자라는 자아개념을 갖고 자신의 미래를 생각하며 어려운 상황을 문제가 아닌 도전으로 대처하려는 능력을 의미한다.

여덟째, 학습에서의 애매함을 인내하는 능력으로 학습에서의 위험과 애매함, 복잡함을 인내하는 능력과 직면한 학습문제를 해결하는데 사용되는 기술과 능력에 대한 성향을 의미한다.

그러나 Guglimino의 도구에 대한 타당성에 대한 비판을 제기한 West 와 Bently(1990)는 SDLRS의 58개 질문이 여덟 개의 성향을 측정하기 보다는 질문 상호 간의 높은 상관으로 인하여 오히려 여섯 개 혹은 그 보다 적은 세 개의 요인들로 압축될 수 있다고 지적하면서 SDLRS 요인 분석에 의하여 새롭게 문항을 선별하여 여섯 개의 요인, 32개 문항으로 축소하였다. 6개 요인은 학습에 대한 애착, 학습자로서의 자기 확신, 도전에 대한 개방성, 학습에 대한 호기심, 자기이해, 학습에 대한 책임수용이다. Oddi(1996)는 계속학습 조사도구(The Oddi Continuing Learning Inventory: OCLI)를 개발하여 자기주도적으로 지속적 활동을 하는 적극적 욕구, 인지적 개방성, 학습에 대한 적극적인 참여 등을 구성요인으로 제시하였다. Gibbons(2002)의 자기주도성 검사지는 30개의 문항으로 구성되었는데 그 내용은 영향력, 효율성, 도전, 자기주도성, 우수함, 전망, 명쾌함, 목표설정, 자신감, 주도성 결단력, 자아효능감, 자아 도기, 성찰 등이다. 국내에서는 1991년 정지웅과 김지자에 의해 Guglielmino가 개발한 영문 자기주도학습 준비도 검사를 한국어로 번역하였다. 그러나 번역 과정에서 의미의 전달이 제대로 이루어지지 못하고 있다는 점과 국내 성인들에게는 와 닿지 않는 질문이 섞여 있었다는 점을 지적하고 이를 수정 보완하기 위하여 완성된 것이 1996년 김지자, 김경성, 유귀옥, 유길한이 개발한 우리말 자기주도학습 준비도(SDLRS-K-96)이다. 이를 바탕으로 유귀옥(1997)은 다시 표준화검사를 실시하여 설문지를 만들었는데 총 32개 문항으로 구성되었다.

자기주도학습준비도의 척도로써 Guglielmino의 32개 문항 척도는 비교적 적은 문항수로 다양한 환경적 요인과 개인적 특성을 반영하기에는 미흡한 점이 많다는 비판에도 불구하고 학자들의 많은 연구에 의해 검증된 신뢰도를 바탕으로 자기주도성을 계량적으로 측정하는데 가장 보편적으로 사용되고 있으므로 본 연구에서도 유귀옥(1997)이 개발한 설문지 양식 그대로 적용하기로 한다.[31]

2. 학습전략과 학습자 변인

이 절에서는 Tandem 학습법을 활용한 중국어 수업에서 한국인 중국어 학습자가 사용하는 학습전략을 이론적 측면에서 고찰하고 아울러 학습전략 사용에 영향을 미치는 학습자 변인을 살펴보고자 한다.

1) 학습전략의 개념 및 분류

Brown(1994)에 의하면, 학습전략이란 특정 문제나 과제를 해결할 때 학습의 촉진을 위하여 학습자가 의도적으로 사용하는 개인적인 방식이라고 정의한다. 학습전략은 보다 효율적이고 효과적인 학습을 위한 필요조건으로서 특별한 전술(tactic) 또는 테크닉이기도 하며 과제 수행을 위한 일반적인 계획이라고 보고 있다. 효율적인 학습자는 새로운 지식을 이미 기억되어 있는 자신의 지식과 활발하게 연관시켜 습득하고, 이해력, 기억력 및 문제해결 능력을 향상시키기 위하여 효과적인 학습전

---

31) 김종국(2008)은 많은 학자들의 연구에도 불구하고 여전히 개념이 일치되지 않은 만큼 개념의 다양성이 존재하는 자기주도성을 측정하기 위해서는 개인적 특성과 환경적 요인 등을 잘 반영할 수 있는 척도의 개발이 향후 요구된다고 지적하였다.

략을 사용한다.32)

학습전략33)에 관한 연구는 일반적으로 외국어 학습전략으로 연구되어 왔으며, 외국어 학습자의 언어 학습전략에 관한 연구는 1970년대 중반, 학생들이 동일한 교사로부터 가르침을 받더라도 어떤 학생들은 외국어를 더 잘 배우는 반면, 어떤 학생들은 그렇지 못하다는 사실을 체계적으로 설명하고자 하는 학자들로부터 시작되었다.34) 초기의 연구 목적은 성공적인 외국어 학습자가 사용하는 전략을 찾아내어 그렇지 못한 외국어 학습자들에게 지도하려는 것이었는데 학습자 개개인의 특성을 고려했을 때, 특정한 전략 및 학습방법이 모든 학습자에게 일률적으로 모두 적용될 수 없음을 알게 되었다.

많은 학자들이 언어 학습전략의 중요성에 대해서는 동의를 하고 있지만 학습전략의 정의에 대해서는 의견일치를 보지 못하고 있으며, 그 내용을 살펴보면 다음과 같다.

Wenden과 Rubin(1987)은 학습전략이란 "특정 언어와 관련하여 정보를 얻고, 저장하고, 필요에 따라 불러내고 사용하는 과정에서 학습자가 사용하는 여러 가지 다양한 장치(tools)나 조치(steps)를 가리키는 것"이라고 정의하였다. 이러한 장치나 조치들은 언어학습이라는 과제를 수행하기 위해서 학습자가 수행하는 직접적인 활동뿐만 아니라, 그러한 구체적인 학습활동을 통제하고 제어하기 위해서 이루어지는 여러 가지 다양한 활동을 포함하는 것으로 이해하고 있다.

O'Malley와 Chamot(1990)는 학습전략은 '특정한 사고나 행위들로서 그러한 행위들은 개인이 새로운 정보를 이해하고, 학습하고, 저장하는

---

32) Oxford(1990:1-7) 참조.

33) 본 연구에서 언급하고 있는 학습전략은 외국어 학습전략임을 명시한다.

34) Rubin(1975:41-51); Stern(1975:304-318) 참조.

것을 원활하게 하기 위해서 사용하는 것이다'라고 설명하고 있다. 이는 보다 인지적 정보처리 과정에 기초한 접근이라 할 수 있다.

Oxford(1989)는 학습전략을 일반 학습과정으로 설명하고 있는데 '학습자가 주도하는 행위나 행동으로서, 그러한 활동을 통해서 학습자가 학습의 효율을 높이고, 스스로 통제하며, 보다 학습활동을 즐길 수 있도록 하는 것'으로 정의하였다.[35] 그에 따르면, 학습전략이란 '학습자 자신의 학습을 강화시키기 위해 학습자가 사용한 특별한 행동, 행위, 단계 혹은 기술'이다. 이러한 정의에 따라 언어 학습전략을 분류한 것을 보면 행위의 측면뿐만 아니라, 인지적이고 정서적이며 사회적인 측면을 모두 포함하고 있다. 새로운 정보를 인식하고, 저장하고 보관하고 필요할 때 꺼내어 활용할 수 있도록 하는 것이 언어학습 과정이라면, 이러한 학습과정에 관여하는 다양한 사회 · 인지적 활동을 학습전략이라고 보고 있다. 정보처리보다는 학습을 효과적으로 수행하기 위해서 학습자가 취하는 여러 가지 다양한 의식적인 활동으로 이해한다.[36]

Cohen(1998)은 학습전략을 언어 학습전략(language learning strategies)과 언어 사용전략(language use strategies)으로 구분하였다. 언어 학습전략이 배우고자 하는 언어에 대한 지식과 이해를 증진시키기 위해 사용하는 전략이라면 언어 사용전략은 이미 학습된 지식이나 정보를 활용하고 사용하는 것과 관련된 전략이다.

이러한 여러 가지 언어 학습전략에 대한 정의들을 종합해 보면, 서로 약간씩 다른 관점에서 출발하고 있다. 특히 학습자의 정신활동을 이해

---

35) Oxford(1992, 1993)는 언어 학습전략과 관련해서 다음과 같은 예를 들고 있다. ESL 영어학습 환경에서 학습자가 미국 TV 드라마를 시청하면서 드라마에 나오는 새로운 표현의 의미가 무엇인지 추측해보고, 다음에 어떤 내용이 나올 것인지 예상해 보는 활동 등 이러한 활동이 전략적인 활동의 예가 될 수 있다.

36) 이병민(2003:265-266) 참조.

하는 인지적인 측면에서 출발한 개념과 학습자가 취하는 자율적이고 의식적이며 통제적인 학습행위의 측면에서 출발한 두 가지 개념이 주류를 이루고 있다. 특히 Oxford가 사용하고 분류한 내용과 O'Malley와 Chamot가 사용한 정의는 서로 상이하면서도 중복되는 측면이 있다. 어떤 면에서 O'Malley와 Chamot는 인지적 정신활동을 주로 의미하는 것으로 이해되지만, 실제로 사용하고 있는 학습전략으로서 정신적 활동과 함께 실제 이루어지는 눈에 보이는 구체적인 행동을 모두 포함하고 있다. 즉, 인지전략, 상위인지전략 및 정의적 전략과 함께 사회적 전략을 모두 전략의 이름아래 분류하고 있다. 따라서 학습전략이라는 것은 눈으로 직접 관찰이 가능한 구체적인 행동들과 직접 관찰은 힘들지만 직접적으로 인지적 학습활용에 참여하는 학습자의 의식적이고 무의식적인 인지적 활동을 포괄적으로 정의하는 두 가지가 혼합되어 있다.

학습전략과 관련된 선행연구들을 살펴보면 학자들에 의해 여러 가지로 분류되어 제시되고 있고 다양한 분류 방법들 중에서 특히 O'Malley와 Chamot(1990), Oxford(1990)의 분류 연구가 학습전략을 광범위하고 체계적으로 분류한 것으로 평가받고 있으나 본 논문의 분석 기준이 되는 Oxford(1990)의 분류체계만을 중점적으로 살펴보기로 한다.

Oxford(1990)는 기존의 연구결과들을 통합하여 학습전략을 가장 광범위하고 체계적으로 분류하였다고 평가받고 있다. 그는 학습자가 지적, 사회적, 정서적, 육체적 수단을 모두 활용하는 하나의 전체적 인간이라는 이론에 근거하여, 학습에 직접적인 영향을 미치는 직접전략과 간접적으로 영향을 미치는 간접전략으로 분류하고, 또 다시 직접전략은 기억전략, 인지전략, 보상전략으로, 간접전략은 상위인지전략, 정의적 전략, 사회적 전략으로 나누어진다.

기억전략이란 학습자가 새로운 정보를 저장하고 재생시키는 것을 도와주는 전략으로서, 집단화하고 연관 짓고 새 단어를 부여하는 것과 같은 마음속으로 관련성을 창조하는 전략, 형상을 이용하며 의미를 맞추고 핵심 단어의 소리를 기억 속에 형상화하는 전략, 신체적인 반응이나 기계적인 기술과 같은 행동을 이용하는 전략 등이 포함된다.

인지전략이란 학습자가 여러 방법들을 통해 새로운 언어를 이해하고 사용하는 것을 가능하게 해주는 전략을 일컫는다. 습득한 지식을 반복하고, 음성과 문자 체계를 연습하고, 공식과 유형을 인식하고 이용하며, 재결합하고, 자연스럽게 연습하는 전략, 아이디어를 재빨리 받아들이고, 메시지를 송수신하는 방법을 이용하는 것과 같은 메시지 송수신전략, 연역적으로 추론하고, 표현을 분석하고 여러 언어를 비교 분석하고, 번역하고, 전이하는 것과 같은 분석과 추론 전략, 기록하고 요약하고, 주제를 부각하는 것과 같은 입력과 출력의 구조를 창조하는 것과 같은 전략 등이 포함되어 있다.

보상전략이란 학습자가 외국어에 대한 지식의 결핍에도 불구하고 이를 극복하고 이해나 표현을 하려는 전략으로, 언어적 실마리와 다른 실마리를 이용하여 현명하게 추측하는 전략, 모국어로 전환하고, 도움을 구하고, 몸짓을 이용하고, 부분적으로나 전체적으로 의사소통을 회피하고, 주제를 선정하는 것과 같은 말과 글의 한계를 극복하는 전략이 포함된다.

상위인지전략이란 학습자가 여러 가지 기능을 활용하여 학습과정을 조절하도록 하는 것, 즉, 학습을 조직화하고 평가하는 전략으로서, 기존의 자료를 연관시키고, 주의하고, 듣기에 집중하기 위해서는 말하는 것을 지연하는 것과 같은 학습에 집중하는 전략, 언어학습에 관해서 알아내고, 조직하고, 목표를 세우고, 언어 과제의 목적을 확인하고, 언어 과제에 대해서 계획을 세우고, 연습할 기회를 찾는 것과 같은 학습을 관리하고 계획하는 전략 및 자기 스스로 감시하고, 평가하는 전략 등이 포함된다.

정의적 전략이란 학습자가 자신의 감정이나 학습동기 및 학습태도를 통제하는데 조력하는 전략이다. 심호흡이나 명상, 음악과 웃음 등을 통해 불안감을 낮추려는 전략, 긍정적인 담화나 상황에 대한 의연한 대처를 통해 스스로를 격려하는 전략, 일기나 점검표 등을 활용하여 스스로를 지속적으로 점검하고 타인과의 대화를 통해 스스로의 감정 상태를 측정하고 평가하는 감정의 온도를 재는 전략이 이에 해당된다.

사회적 전략이란 학습자가 타인과의 상호작용을 통해 학습하는 것들에 대해 조력하고자 하는 전략이다. 문제에 대해 질문 또는 요구를 하는 요청의 전략, 주변인들과 협력하여 학습을 진행하는 협력하는 전략, 타문화에 대한 이해를 높이고 타인의 생각과 감정을 인식하려고 하는 타인과의 감정일치 전략이 이에 해당된다.[37]

〈표 1〉 Oxford(1990)의 학습전략 분류

구분	전략	유형	활동
직접적 전략	기억전략 (memory strategies)	정신적 연결체 형성 (creating mental linkages)	분류하기
			연결하기/정교화하기
			새 단어를 문맥에 넣어 보기
		이미지와 소리의 적용 (applying images and sounds)	이미지 이용하기
			의미지 그리기
			핵심어 사용하기
			기억 속의 소리 표현하기

37) 이효웅(1999:14) 참조.

직접적 전략	기억전략 (memory strategies)	잘 복습하기 (reviewing well)	구조화된 복습
			정보 회상
		행동 이용하기 (employing action)	신체적 반응과 감각 이용하기
			기계적 기술 사용하기
	인지전략 (cognitive strategies)	연습하기 (practicing)	반복하기
			음운체계와 문자체계로 연습하기
			규칙과 유형을 인식하고 사용하기
			재조합하기
		메시지 주고받기 (receiving & sending messages)	대충보기와 훑어보기
			메시지 교환 시 자원 활용하기
		분석과 추론 (analyzing and reasoning)	연역적으로 추론하기
			언어표현 분석
			대조시켜 분석
			번역하기
			전이하기
		입력과 출력 구조 창출 (creating structure for input and output)	노트하기
			요약하기
			강조하기
	보상전략 (compensation strategies)	지능적으로 추측하기 (guessing intelligently)	언어적 힌트 사용하기
			비언어적 힌트 사용하기
		말하기와 쓰기에서의 한계 극복하기 (overcoming limitations in speaking and wriring)	모국어로 대치하기
			도움 요청
			제스처 사용하기
			의사소통 기피하기
			주제 선정하기
			메시지 조정 및 추측하기
			단어의 핵심잡기
			유사어 사용하기

간접적 전략	상위인지 전략 (meta-cognitive strategies)	학습 집중 (centering you learning)	기존의 지식과 연결하기
			주의 집중하기
			듣기에 집중하기 위해 말하기 미루기
		학습계획과 조정 (arranging and planning your learning)	언어학습 연구하기
			구성하기
			언어 학습의 목표 설정하기
			언어 영역별 목적을 명료화 하기
			언어 학습을 위해 계획 세우기
			연습 기회 찾기
		학습평가 (evaluating your learning)	자기 점검
			자기 평가
간접적 전략	정의적 전략 (affective strategies)	두려움 줄이기 (lowering your anxiety)	적극적인 휴식, 심호흡, 명상 이용
			음악 이용하기
			웃음 이용하기
		자신을 격려하기 (encouraging yourself)	긍정적 자기평가
			현명하게 도전하기
			자신에게 보상하기
		감정 지수 측정 (taking your emotional temperature)	신체 변화 감지
			점검표 사용하기
			언어학습일지 쓰기
			타인과 감정 나누기
	사회적 전략 (social strategies)	질문하기 (asking question)	명료화나 타당화를 위해 질문하기
			수정을 요청하기
		협동하기 (cooperating with others)	동료와 협동하기
			목표어 능숙한 사용자와 협동하기
		교감하기 (empathizing with others)	문화적 이해 높이기
			타인의 생각과 감정 깨닫기

출처: Oxford, R. L(1990:83) 참고.

Oxford(1990)는 언어 능력을 향상시키려면 전략을 효과적으로 잘 가르치는 것도 중요하지만 학습자가 효과적인 학습전략을 사용해야 한다고 했다. 그 이유는 외국어 학습의 성공여부는 궁극적으로 학습자 자신이 취하는 행동 또는 전략에 좌우된다고 할 수 있기 때문이다. 외국어 학습전략을 효과적으로 사용하기 위해 교사 및 학습자가 알아야 할 외국어 학습전략이 가지는 주요 특징을 정리하면 다음과 같다. 첫째, 외국어 학습전략은 의사소통 능력 신장을 목적으로 한다. 둘째, 외국어 학습전략은 교사와 학생의 역할을 새롭게 조명할 수 있다. 셋째, 외국어 학습전략은 문제 해결 지향적이다. 넷째, 외국어 학습전략은 상호작용을 통해 서로 보완할 수 있는 관계에 있다. 다섯째, 학습전략은 훈련을 통하여 가르쳐질 수 있다. 왜냐하면 학습자 개인별로 전략을 선택, 결정, 정리하는 방법이 다를 수 있기 때문에 학습자의 특성과 학습 과업의 특성에 알맞은 전략을 선택하도록 학습전략 훈련을 해야 할 것이다. 마지막으로 외국어 학습전략은 여러 가지 요인들에 의해 영향을 받을 수 있다. 외국어 학습자가 학습전략을 사용하는데 영향을 미치는 요인으로 Oxford(1989)는 학습하는 언어, 학년, 인식의 정도, 나이, 성별, 태도와 동기의 정도, 학습 목표, 동기지향성, 성격의 특징, 일반적인 성격의 유형, 학습 형태, 적성, 전공이나 직업, 문화적인 배경, 학습방법 및 학습과제의 요구 사항 등으로 들고 있다. 그러나 이러한 요인들이 학습전략 사용에 미치는 영향은 각 연구마다 그 결과에 차이가 있다. 학습전략을 효과적으로 가르치고 훈련하기 위해서는 학습전략 사용에 미치는 각 요인에 따른 연구 결과들을 보다 구체적으로 살펴볼 필요가 있다.[38]

---

38) 정희정(2011:13-15) 참조.

2) 학습전략에 영향을 미치는 학습자 변인

외국어 학습자가 학습전략을 사용하는데 영향을 미치는 변인으로 Oxford(1989)는 학습하는 언어, 학습기간, 인식의 정도, 나이, 성, 태도와 동기의 정도, 학습목표, 동기 지향성, 성격의 특징, 일반적인 성격의 유형, 학습형태, 적성, 전공이나 직업, 문화적인 배경, 학습방법 및 학습과제 요구사항 등을 들고 있다.

O'Malley와 Chamot(1990)은 언어 수업의 목표, 학습자의 언어 학습경험의 정도, 언어과제, 학습동기 등 네 가지 요인이 학습전략을 사용하는데 영향을 미치는 요인이라 하였다.

학습전략의 사용에 영향을 미치는 변인을 연구한 Ellis(2002)는 외국어 학습자가 학습전략을 사용할 때 영향을 미치는 변인을 크게 학습자의 개인적 변인, 상황적 변인, 사회적 변인으로 나누고 있다. 개인적 변인은 언어 학습에 대한 신념, 나이, 적성, 학습 유형, 태도, 동기 유형, 전공 또는 직업, 언어학습 수준, 언어학습 경험 등을 들었다. 상황적 변인은 목표어 학습 환경, 학습과업 유형, 언어 교수방법, 교사의 기대, 언어학습의 목적 등을 들었으며, 사회적 변인은 성별, 국적, 언어, 사회적 지위, 문화적 배경 등을 들었다. 이러한 변인들이 학습자의 전략 사용에 미치는 영향의 정도는 전략 사용의 빈도와 사용하는 전략의 유형에 있어서 학습자마다 상당히 다르다고 하였다.

성별이 학습전략 사용에 미치는 영향에 관한 연구 결과를 살펴보면, 학자에 따라 상이한 결과를 나타내는데, Dreyer & Oxford(1996)의 연구에서 여자가 남자보다 전략을 사용하는 정도가 높았으며, 특히 사회적 전략과 상위인지전략에서 보다 많이 사용하는 것으로 나타났다. 이양희(2004)는 고등학교 남녀학생들이 사용하는 영어 학습전략을 비교하였는데, 여학생이 남학생보다 모든 전략을 더 많이 사용하는 것으로 나타났고, 이효웅(1994)에서는 중학생의 경우, 여학생이 남학생보다 전체전략 및 개별전략을 더 많이 사용하지만 고등학생과 대학생의 경우에는 남녀 학생의 전략사용에 큰 차이가 없는 것으로 밝혀졌다. 또한 임미란(2001)의 연구에서는 대학생 160명을 조사 연구한 결과 남녀 성별에 따라 학습 전략 사용에 큰 차이가 없는 것으로 보고되었고, 吳勇毅(2007)의 연구에서는 중국 현지에서 중국어를 제2언어로 배우고 있는 18개 나라의 학습자 550명을 대상으로 학습전략 사용에 대해 조사하였는데 성별에 따라 그 차이가 유의미하지 않은 것으로 나타났다. 이에 반해 Tran(1998)의 연구에서는 남자가 여자에 비해 전략을 더 많이 사용하는 것으로 밝혀졌다.

이효웅(1994)은 전공에 따라 학습자들의 학습전략이 상이함을 연구하였는데, 인문계열의 학생이 학습전략을 가장 많이 사용하고 이공계열 학생들이 가장 전략을 적게 사용한다는 연구결과를 제시하였다. 전공은 학습자의 적성을 반영한 개인적 변인이므로 학습전략 사용에 계열 또는 전공이 미치는 영향에 주목해야 함을 의미한다. 또한 이세연(2008)의 연구에서 성인 영어학습자를 대상으로 학습전략을 조사한 결과 전공에 따라 학습전략 사용에 차이가 있는 것으로 나타났는데, 역시 인문사회계열의 학습자들이 이공계열 학습자들보다 더 빈번하게 학습전략을 사용한다고 밝히고 있다.

성격 또한 학습전략 사용에 영향을 미칠 수 있는 개인적 변인이다. 이에 관해서 김연주(2002)는 고등학생의 경우 외향성 학습자가 내향성 학습자보다 전체적으로 학습전략 사용 빈도가 높았고 외향성 학습자들은 한계를 극복하는 전략과 기억전략을 더 많이 사용하였다는 결과를 제시하였다. 학습자의 성격을 고려한 교수·학습의 방법이 달라야 할 것임을 의미하는 결과라고 해석할 수 있다.

이기명(2001)은 의사소통 능력 배양을 목적으로 하는 외국어 학습에서 어떠한 학습전략이 가장 효과적인지는 단정 지을 수 없으나 학습자의 정의적 상태나 태도 또는 동기와 같은 개인적 요인에 의해 선별될 것이라고 했다. 그리고 학습상황 즉 형식적인 교실환경인가 자연적 언어습득 상황인가에 의해서도 전략의 선택이 좌우될 것이며, 인지적으로 이미 성숙한 성인과 그렇지 않은 어린이 학습자간에도 전략의 사용은 차이가 있으리라고 보고하고 있다. 이에 반해, 陈小芬(2008)의 연구에서는 중국 厦门大学海外教育学院에 재학 중인 78명의 유학생을 대상으로 설문조사를 한 결과 학습동기에 따라 중국어 학습 시, 학습전략 사용에 큰 영향이 없는 것으로 나타났다.

이은형(2008)의 연구에서는 고등학생 중국어 학습자를 대상으로 학습전략을 분석한 결과, 중국어 성적과 중국어 학습전략 간의 상관관계가 있는 것으로 나타났는데, 성적이 높은 학습자가 인지적 전략을 많이 쓰고 있다는 결론을 도출해 냈다.

본 고에서는 Tandem 학습법을 적용한 중국어 수업에서 학습자의 정의적 변인인 Tandem 학습능력(자기주도 학습능력, 협동 학습능력), Tandem 학습법에 대한 만족도, 학습전략 사용의 상관관계가 어떠한지를 알아보고 학습자의 Tandem 학습능력과 Tandem 학습 만족도에 따른 학습전략의 사용이 어떤 차이가 있는지 통계적으로 분석하고자 한다.

3. Tandem 학습법이론

이 절에서는 앞절에서 언급한 협동학습이론, 자기주도학습이론, 학습
전략이론이 Tandem 학습법에서 어떻게 구현이 되는지를 검토하고,
Tandem 학습법을 이론적 적립 측면에서 살펴보고자 한다.

1) Tandem 학습법의 개념과 특징

Tandem 학습법에 의하면 우선 서로 다른 두 개 언어의 모국어 화자
가 서로 상대방의 언어를 학습하기 위하여 2인 1조의 학습조를 형성하
여 협동학습을 진행해야 하는데 각자가 학습자인 동시에 상대방 학습을
도와주는 교사의 역할을 동시에 수행하는 자기주도적인 외국어 학습 방
법이다.

하수권(2008)은 Tandem 학습을 수행하기 위하여 다음과 같은 학습
여건이 조성되어야 한다고 말하고 있다. 첫째, 두 명의 서로 다른 모국
어 화자가 학습자로 신청하여야 하고, 둘째, 서로 상대방의 모국어를
배우기를 원해야 하며, 셋째, 상호주의 원칙에 입각하여 서로 도우며
학습할 의사가 있어야 하고, 넷째, 자기주도학습을 할 의사와 능력이
있어야 한다.[39]

또한 Tandem 학습을 수행하기 위하여 참여자는 다음 두 가지 원칙을

---

[39] Brammerts(2005)는 Tandem 학습의 자기주도성을 강조하면서 다음 세 가지 학습 활동에
유의하고 있다. 첫째, 파트너의 모국어로 의사통을 할 수 있는 능력을 향상시킨다. 둘째,
교제 대상으로서 파트너에 대한 더 많이 알고자 하고 그의 문화적 배경에 대해서도 더
많이 알고자 한다. 셋째, 직업 생활이나 교육 또는 생활 속에서 획득한 자신과는 다른
파트너의 지식과 경험에서 새로운 것을 얻고자 한다.

지켜야 한다고 주장하는데 바로 "상호성 원칙"과 "자기주도성 원칙"이다. 상호성 원칙에 의하면 Tandem 학습 참여자는 서로 상대방 학습자에게서 배우는 학습자의 역할을 수행하면서 동시에 상대방 학습자를 가르치고 그에게 도움을 주는 교사의 역할을 수행한다. 이때 각 학습자는 자신이 무엇을, 언제, 어디서, 어떻게 학습할 것인지에 대하여 결정하고 상대방과 협의하여 결정하여야 한다. 즉 학습 목표와 방법, 심지어 학습 자료까지 학습자 스스로 자기 주도적으로 결정하여야 하는데 이것이 자기주도성 원칙이다.[40]

Tandem 학습법은 교수, 학생, 강의실 3자의 조합에 의한 기존의 일반적인 학습법을 전면 대체할 수 있는 것은 아니다. 교수의 주도로 이루어지는 강의실 교육이 할 수 없는 부분을 채워주기 위한 하나의 보조적 학습법이라 할 수 있을 것이다. 따라서 기존의 학습이론과는 다른 새로운 이론적인 근거를 제시해야 한다. 이에 하수권(1999)과 진광호(2010)는 '상호 문화교류 학습', '자율학습', '학습과정의 개별화', '실제의 의사소통 체험'의 네 가지를 이론적 근거로 제시하였다.

본고에서는 이를 바탕으로 '협동학습', '자기주도학습', '이문화학습', '실제의 의사소통 체험', '학습과정의 개별화' 5가지를 Tandem 학습법의 중요한 특징으로 다음과 같이 요약할 수 있다.

첫째, 협동학습

전통적인 교수·학습 이론은 교사 주도, 학생 복종의 권위주의적인 체제를 전제로 하기 때문에 일대 다수에서 파생되는 교수 학습의 문제점을 근원적으로 안고 있는데 가장 대표적인 문제가 바로 학생이 능동적으로 학습에 참여하지 못한다는 것이다. 또한 정보량의 급속한 증가

---

40) Brammerts(2005:9-16) 참조.

에 따른 학습 환경의 변화는 제한된 학문분과의 사실을 학습하는 것보
다는 문제해결 방법을 학습하는 것이 훨씬 더 중요시되고 있다. 이러한
문제해결 방법을 학습하기 위해서는 학습자 개인의 인지적인 활동과
정의적인 측면이 요구될 뿐만 아니라 집단속에서 타인과 협동하는 과
정에서 비롯된다.[41)

   Tandem 학습은 이러한 협동과정을 가능하게 하고, 학습 파트너와 함
께 학습하고, 문제해결을 위해 상호 협력하며, 서로의 성공을 위해 긍정
적인 인간관계를 맺게 된다. Tandem 학습에서 학습자는 외국어를 배우
는 학습자이면서 동시에 능숙한 언어사용자로서 교사의 역할을 수행하
고, 1:1 상호원칙에 의해 수업을 진행해 나가게 되는데 언어적인 학습뿐
만 아니라 문화 간 의사소통도 쉬워지며, 고정관점의 문제와 자기 자신
이 속한 집단과 동일시하는 문제의 위험성이 줄어든다.

   둘째, 자기주도학습
   사교육이 발달하고 있다는 것은 그만큼 자기주도 학습이 부족하다는
것을 의미한다. 따라서 이에 대한 해결책으로 자기주도 학습능력의 제
고가 무엇보다 필요하다 할 수 있다. 자기주도 학습이란 학습자 스스로
가 학습목표를 정하고, 이에 따라 학습내용과 학습방법을 정하는 것을
말한다. 이를 위해서는 교사가 하던 통제와 관리를 학습자 스스로가 자
신을 통제하고 관리할 수 있어야 할 것이다. Tandem 학습법은 두 명의
외국어 학습자가 1:1로 교사의 도움을 최소화 하고, 학습목표, 학습내용,
학습방법을 자율적으로 정하거나, 파트너와의 대화를 통해 정할 수 있
다. 또한 파트너와 의사소통하는 과정에서 이 모든 것들이 끊임없이 조
율되고 학습자 스스로 결정을 내려야 한다. 이것은 자기주도학습을 위

---

41) 정문성(2006:40) 참조.

해 요구되는 독립성을 훈련하는데 있어 최적의 조건이다. Tandem 학습은 기존 외국어 학습과 달리, 강의실 안과 밖에서 모두 학습을 자유로이 수행 할 수 있다는 장점을 갖고 있고, 기존의 교수, 학생, 강의실 이 3자의 조합에 의해 수행되던 학습이 학생의 주도적 역할에 의해 이루어지는 것이다.

셋째, 이문화 학습

이문화학습이란 중국어로 '跨文化学习', 독일어로는 'Interkulturelles Lernen'이라 한다. 이는 중국어 교수법이나 독일어 교수법에서 자주 쓰이는 용어로 외국어 교육에서 외국어 학습자가 목표어를 학습하는 과정에서 언어를 통해 문화적 내용을 전달하면서 동시에 자국의 문화와 비교하고 전달하여 상대방을 이해시키는 것을 말한다. 상이한 문화권의 두 학습자가 문화적 차이를 갖고 있는 학습주제를 선택하여, 이에 대해 목표어로 문화적 관점에서 의사소통을 하면서 언어 학습과 상호 문화에 대한 이해를 높이는 것이다. 따라서 학습의 주제는 단순한 언어의 구사가 아니라 가능한 상호 사회적, 문화적 차이가 크고 비교가 용이하고 흥미로운 것을 선택한다.

넷째, 실제의 의사소통 체험

학습 목표어의 모국어 화자와 실제적인 대화를 통해 교재나 여러 매체를 통한 정적인 학습보다는 체험을 위주로 하는 동적인 외국어 학습을 할 수가 있다. 이는 의문사항이 있거나 오류 발생 시에 즉시 현장에서 문제를 해결하고 오류를 시정할 수 있다는 장점을 지니고 있으며, 외국어 학습에 절대적으로 필요한 연습과 활용의 기회가 많이 보장된다는 것이다.

다섯째, 학습과정의 개별화

많은 학습자들의 다양한 학습목표와 학습요구를 충족시키기 위해 그 각각에 맞는 학습과정을 개발하려는 시도와 목표지향을 외국어 교육공학에서는 '학습과정의 개별화'라 칭한다고 한다. 학습과정의 개별화를 위해서는 집단 수업으로는 불가능하므로 Tandem 학습법을 통해 개별화, 조별화 작업을 하여 각 조가 개별적으로 어떤 내용을 가지고 어떻게 학습할 것인가를 정하고 운영과정에서 이를 탄력적으로 조정 변경할 수가 있다.

또한 개별화된 학습과정에서 학습자들이 사용하는 학습전략은 학습자 개인에 따라 다양하게 나타날 수 있으며, 상담을 통하여 적절한 학습전략을 연습하고 경험할 수 있다. 아울러 학습전략 훈련을 통해 더욱 효과적인 외국어 학습을 할 수 있으며, 학습자의 자기주도 학습능력과 협동 학습능력을 고취시킬 수 있다.

Tandem 학습법은 언어와 문화 학습, 그리고 민간외교 차원의 국제교류가 함께 융합된 것으로 교육학 이론의 관점에서 보면 학습자 주도로 상호 학습이 이루어진다. 또한 전문가가 아닌 사람도 쉽게 파악할 수 있는 간단한 원칙들에 근거하고 있어 평생학습, 열린 학습, 자기주도 학습, 협동학습에 대한 논의가 이루어질 때 Tandem 학습법이 해결책으로 등장했다. Tandem 학습법은 기존의 외국어 학습이론의 보완부분으로서 Tandem 학습법을 적용한 외국어 수업과 일반적 외국어 수업의 특징을 아래 표와 같이 비교해 볼 수 있다.

〈표 2〉 Tandem 수업과 전통적 외국어 수업의 특징 비교

항목	Tandem 학습법을 활용한 외국어 수업	일반적 외국어 수업
학습목표	학습자 스스로 결정 함.	교사 주도로 모든 학습자에게 적용.
수업 및 학습활동	학습자 주도로 파트너와의 협동학습, 문제점과 어려움을 파트너의 도움을 받아 해결.	교사의 통제에 따르며 교사주도의 학습 활동. 학습자 개개인의 어려움을 해소하기 힘듬.
교사 역할	학습활동의 촉진자·조력자·상담자로서 수업 계획, 내용, 방법 등에 제한적으로 관여함.	학습 활동을 통제하고 수업 내용이나 방법을 계획하거나 선택하며 평가의 주체임.
이문화간 의사소통 체험	파트너와 의사소통을 통해 직접적인 이문화간 의사소통 체험 가능.	교사의 설명이나 사례 제시 등으로 이문화 교육이 이루어지고 직접 체험 기회 적음.
의사소통	수업 시간 대부분을 학습목표어 모국어 화자와의 의사소통을 함.	학습자의 모국어 사용 빈도가 높고 모국어 화자와의 의사소통 기회 적음.
학습자료	교사가 제공하기도 하지만 학습자의 선택 폭이 넓고 학습자 자신이 원하는 다양한 개별 자료 활용 가능.	모두에게 적용되는 교재나 자료 사용.
학습수준	다양한 수준을 동시 적용 가능하여 학습자 개인에 적합한 학습 수준 적용.	교사가 전제하는 단일의 학습 수준 모두에게 적용.
학습전략 선택	학습자 각자가 선호하는 학습 전략 적용 가능함.	교사가 효율적이라 간주하는 학습전략을 다수 또는 모두에게 적용 요구함.
수업시간외	파트너와 수시로 학습 목표어로 의사소통 가능.	극히 제한적인 학습 목표어로 의사소통함.
교수·학습 이론	구성주의 학습이론과 자기주도학습 이론의 상당부분 적용 가능.	구성주의 학습이론과 자기주도학습 이론의 제한적 적용.

출처 : 하수권(2008:16-17; 2009:205-206) 참고.

2) Tandem 학습법을 적용한 수업 모형

Tandem 학습법은 교육 현장에서 다양한 형태로 운영되고 있는데 '공간 구성 조건'과 '수업과의 연관성'을 기준으로 다음과 같이 나눌 수 있다.[42]

<표 3> Tandem학습법의 유형

공간 구성 조건에 따른 유형 분류	면대면 Tandem
	원거리 Tandem 또는 온라인 Tandem(E-Tandem)
수업과의 연관성에 의한 분류	수업 연계 Tandem
	수업 무관 Tandem

면대면 Tandem은 일정한 장소에서 파트너들이 만나서 학습을 하는 것을 말한다. 파트너들이 직접 만나서 학습을 하기 때문에 학습 효율이 크다고 볼 수 있으나 학습자를 확보하는데 있어 어려움이 있다. 반면 원거리 Tandem은 파트너들이 직접 만나지 않고 편지나 인터넷 등의 통신매체를 사용하여 학습하는 것을 말한다. 하지만 요즘은 편지를 통한 Tandem보다는 전화, 팩스, 인터넷 등을 이용한 Tandem이 많이 보급되었기 때문에 원거리 Tandem을 온라인 Tandem 또는 E-Tandem이라고도 한다. 면대면 Tandem과 원거리 Tandem의 가장 큰 차이는 공간 구성이라는 것도 있지만 학습 효과의 기능적인 측면에서도 큰 차이를 보인다. 면대면 Tandem은 직접 보고 학습을 하는 만큼 듣기와 말하기

---

42) 송향근(2004)은 학습자의 거주 여건을 기준으로 하여 '대면학습법'과 '원거리학습법'으로 구분하였고, 하수권(2008)은 송향근이 제시한 학습자의 거주 여건을 공간 구성 조건으로 구분하여 '공간 구성 조건'과 '수업과의 연관성'으로 나누었다. 본고에서 논의하고 있는 Tandem 수업이 교과과정 안의 수업이기 때문에 하수권(2008)에 따르도록 한다.

능력 향상에 유용하다면, 원거리 Tandem은 채팅이나 메신저 또는 메일을 통해서 주고받기 때문에 읽기와 쓰기에 유용하다. 일반적으로 읽기와 쓰기보다 듣기와 말하기 능력 향상이 먼저 고려되는 오늘날의 외국어 교육에서는 면대면 Tandem의 필요성이 더 가중될 수 있다.[43]

반면 수업과의 연관성에 대한 분류로는 '수업 연계 Tandem'과 '수업 무관 Tandem'으로 나뉘는데 '수업 연계 Tandem'은 정규 교과과정 안에서 시행되고 있는 것을 말하고 '수업 무관 Tandem'은 수업과 무관하게 학습자들이 자율적인 의지에 의해 파트너를 구해 학습하고 있는 것을 말한다.

'수업 연계 Tandem'과 '수업 무관 Tandem'의 가장 큰 차이는 학습자의 책임감이라고 할 수 있다. '수업 연계 Tandem'은 교실 안에서 이루어지기 때문에 책임감이 많이 따르는 반면에 '수업 무관 Tandem'은 학습자의 자율성이 우선시되다 보니 오랫동안 지속되기 어려운 단점이 있다.

Tandem 학습은 소집단 협동학습으로서 자율적 협동학습 모형(Co-op Co-op)과 매우 비슷하다. Co-op Co-op 모형의 철학적 기초는 학생들의 자연스러운 호기심, 지적 능력, 표현력, 학습열정을 발전시킬 수 있는 환경을 제공하는 것이 진정한 교육의 역할이라는데 있다. 다시 말해서 자신의 호기심, 지식에 대한 욕구에 이끌려 자신과 세계에 대한 생각을 수정해 갈 수 있는 새로운 경험을 한다는 것, 그리고 파트너와 그러한 경험을 나눌 수 있다는 것만으로도 학생들에게는 만족스러운 활동이어서 학습에 긍정적인 영향을 미칠 수 있을 것이다. Tandem 학습은 서로 다른 모국어 화자 두 사람이 상대의 모국어를 학습하기 위해 2인 1조의 학습팀을 구성하여 각자가 상대의 언어를 학습하고 자신의 언

---

43) 송향근(2004:58) 참조.

어를 가르쳐주는 자기주도적인 협동 외국어 학습방법이다. 수업 시 학습자가 학생과 교사의 역할을 동시에 수행하기 때문에 학습자들이 스스로 학습 준비를 해야 하는데 학습자 개개인의 개별적 책무감과 파트너와의 긍정적인 상호의존성, 사회적 기술[44] 등이 요구되는 협동학습이다.

Co-op Co-op 모형에서는 학급 전체가 학습할 주제를 토론과정을 거쳐 직접 선정하고, 학생들은 각자의 흥미에 따라 소집단을 구성한 다음 소집단 내에서 자신이 수행할 주제를 다시 선택하여 집단의 과제를 완성하고, 각 집단의 과제가 함께 모여 전체 학습의 학습주제를 숙달하도록 하는 구조다. 또한 Co-op Co-op 모형은 집단 내의 협동과 집단 간의 협동을 강조해서 학급 전체가 특정한 주제와 관련된 학습 경험을 나눌 수 있도록 구성되었다. Tandem 수업 모형에서의 학습주제는 학습자 스스로 정할 수도 있고, 파트너와 상의를 통해 정할 수도 있다.

본고에서 언급하는 '수업 관련 Tandem 학습' 주제는 학습자 요구분석을 통해 학기별로 정해지고, 팀 내에서 파트너와 수행할 세부적인 주제는 파트너와 상의하여 다시 선택한다. 또한 각 팀은 주제수행 결과를 학습일지에 기록하고, 매 학기 한 번의 발표를 통해 집단 구성원들이 함께 공부하고 자신들의 이해의 폭을 확장할 수 있는 기회를 최대한 제공할 수 있다. 또한 전체 구성원들에게 학습 방법, 학습 내용, 학습 과정에서의 경험들을 소개하여 산출한 결과물을 구성원 전체가 나눌 수 있도록 함으로써 다른 팀의 학생들 역시 정보를 공유할 수 있게 된다.

Tandem 학습법은 학습자들이 자율적으로 학습에 대한 계획을 세우고 학습내용 및 방법을 정하여 스스로 수업을 진행하는 것이다. 따라서 Tandem 학습이 생소한 학습자들에게는 학습 내용 선정, 학습자료 준비,

---

44) 대인기술이라고도 함.

학습절차의 운영 등 여러 가지 어려움을 겪을 수 있기 때문에 Tandem 학습에서의 안내자이고 관리자 및 조력자로서의 교사의 역할이 꼭 필요한 것이다.

3) Tandem 학습법에서의 상담

Curran(1972)은 학습은 인지적인 면뿐만 아니라, 신체적, 감정적인 면이 충분히 고려되어야만 진정한 학습이 이루어진다고 주장하였다. 그는 치료자가 내담자를 대할 때, 긍정적이고 따뜻한 태도, 수용적이고 공감적인 이해로 내담자가 심리적으로 안전감을 갖도록 하여, 그들이 불안, 긴장 등으로 인한 방어(defense)에서 벗어나 치료자와 서로 신뢰하는 인간관계를 형성하는 상담의 방법을 학습에 도입하여, 학생의 정서 안정 및 교사와 학생 간의 바람직한 인간관계에서 학생이 전인(whole person)으로서 학습에 임할 수 있도록 하는 상담학습모형(Counseling-Learning Model)을 설정하였다. 그는 또 이 모형을 외국어 학습에 적용하여 Community Language Learning(CLL) 이라는 구체적인 교수법을 제시하였다. 상담학습 모형(CLL)에서는 교사와 학생이 각각 카운슬러(counselor)와 의뢰인(client)의 역할을 담당함으로써 상담의 모형이 그대로 적용된다. 이 때 모든 학습은 상담 의뢰인(client)을 중심으로 이루어지듯이, 학생을 중심으로 이루어지게 되고, 교사는 학생을 지지하거나 보조하는 역할만을 담당하게 된다. 교사와 학생 사이뿐만 아니라 동료들 간의 신뢰, 협동, 이해적인 분위기속에서 학생은 안전감을 가지게 되고 그럼으로써 학생은 독자적인 주체로서의 개인적인 경험을 통하여 자율적으로 학습하게 된다. 이러한 학습이 더욱 효과적으로 이루어지기 위해서는 학생의 학습에 대한 압박감이나 걱정을 줄이고 언어나 그 문화에 대한 긍정적인 태도를 부여하고, 학생으로 하여금 자기방어에서 벗어나 어린 아이와 같은 개방적인 마음상태로 퇴행(regression) 등의 적절한 마음상 태를 부여하는 것 등이 중요하다. 이는 곧 외국어 학습에서 정의적 요소 (affective variables)의 중요성을 나타내는 것이며, 이는 상담학습 모형 (CLL)을 성공적으로 실행할 수 있는 밑받침이 된다.45)

Tandem 학습법을 적용한 수업현장에서 교사는 촉진자, 카운슬러, 상담자, 학습보조자 등의 역할을 한다. 즉 학습자의 학습과정을 도우면서 학습자가 자신의 학습능력을 발견할 수 있도록 도움을 주는 사람인 것이다. 이를 위해 학습상담자로서 교사는 외국어 습득 분야의 전문지식과 학습자 자기주도학습에 대한 인식 및 경험은 물론, 학습자를 인격체로 수용하고 진정성과 투명성을 가지고 감정이입할 수 있는 능력도 갖추어야 한다. 학습자가 학습상담을 통해 자기주도성과 타인과의 협동능력을 신장하고 학습상의 진전을 이루도록 지원하기 위해 상담자의 인간적인 상담과 학습내용의 지속적인 피드백도 중요하다.

자기주도학습과 협동학습의 구체적인 실현형태인 Tandem 학습법에서 전문가인 상담사 즉 교사와 대화가 필요한 이유는 다음과 같다. 학습자가 스스로 학습목표를 설정하고 학습 가능성을 찾을 수는 있지만 이외의 모든 것을 한꺼번에 고려하고, 이들의 중요한 연관성을 모두 감안할 수 없을 뿐만 아니라 자신의 결정을 꾸준히 실행해 나가는 것이 쉽지 않기 때문이다. 그러므로 학습상담을 통해 학습자들에게 고무적인 학습환경을 조성해 주고 양호한 학습습관을 길러 주며, 학습자들로 하여금 학습에 대한 자기주도성과 타인과의 협동능력을 키워 주고 외국어 학습의 궁극적인 목표인 의사소통능력 신장에도 필요한 영역이다.

---

45) 서혜영(1984:22-25) 참조.

Tandem 학습법에서 학습상담 목표는 학습자로 하여금 자기주도학습을 가능하게 해주고, 자기주도학습에서 학습자를 지원하는 것이므로 상담사는 상담과정에 항상 다음과 같은 사항들을 의식하고 고려해야 한다. 우선 상담사인 교사의 질문이 교사 자신을 위한 것이 아니라, 학습자가 결정을 내릴 때 근거가 되는 정보를 얻는데 도움이 되어야 하고, 가능하다면 교사의 전문지식을 활용하여 학습자가 어떻게 행동할지를 구체적으로 지시하는 형식이 아니라, 상담을 통해 학습자가 결론을 내리도록 하며, 학습자가 자신의 결정을 내릴 때 의식적으로 관련지식, 또는 최근 학습한 지식과 연계하여 상기할 수 있도록 한다. 또한 학습자는 자신의 결정을 상담사가 아니라 자기 자신에게 정당화하여야 하는데 학습자 자신에게 효과적인 학습 방법을 찾고 학습자들의 다양한 능력을 개발할 수 있게 지원해야 하는 것이다. 이러한 능력에는 자신의 학습 목표, 학습대상 결정, 학습전략, 학습자료, 학습형태 선택, 학습에 대한 자신의 동기와 입장 의식화, 자신의 진도를 관찰하고 자신의 성과 평가, 자신의 학습 성과 축적 등의 능력이 포함된다. 여기에서 가장 중요한 것은 상담을 통하여 학생들이 자신이 자기주도학습을 할 능력이 있음을 깨닫고 그것을 향상시키며, 자신감을 갖도록 도와야 하며 학습자 자신의 학습과정을 스스로 통제하는 방법을 배우도록 하여 자신의 학습목표를 스스로 결정하고 계속하여 확인하도록 도와주어야 한다.[46)]

또한 Tandem 학습은 학습자 혼자서 하는 학습이 아니라 파트너와 함께하는 협동학습이므로 학습과정에서 파트너와의 모순과 갈등, 문화충격(Culture Shock)을 경험하게 될 것이며, 긍정적인 상호작용, 사회적 기술(대인기술) 등이 요구될 것이다. 학습자들이 겪는 이러한 문제들을

---

46) 하수권(2011), 민춘기(2008) 논문을 참고하여 요약한 것임.

해결하기 위해서는 교사가 적극적인 상담을 통해 중재역할을 해야 할 뿐만 아니라 학습자들의 부담과 불안감을 최소화시켜야 한다. 아울러 효과적인 협동학습이 이루어지려면, 공동의 학습목표를 달성하기 위해서 학습자들이 공동체의식과 개별적 책무감을 기본 전제로 한다는 것을 항상 일깨워 줘야 한다.

그렇다면 교사가 학습자를 도울 수 있는 상담방법과 형식은 어떠한 것들이 있는가? 언어학습 상담의 형식은 다양하다. 학습상담은 학습자 개인의 자기주도학습, 동료들로 구성된 학습집단, 외국어수업 현장에서 이루어질 수 있으며, 면대면 상담, 온라인 강좌의 원격상담, 이메일, 채팅을 통한 상담 등이 있다. 이처럼 다양한 상담 형식에서 공통적인 사항은 상담을 통해 학습자가 자신의 언어학습 활동을 성찰하도록 고무하고 학습의 최적화를 위한 가능성을 발견하도록 돕는 것이다. 다양한 형식의 학습상담을 통해 학습자는 자신의 학습전략과 언어능력에 맞는 학습방식을 찾아 충분히 시도해 보고 스스로 평가해 보아야 하며, 이로써 자신의 학습을 스스로 조절하고 최적화할 수 있다.[47)]

상담사가 학습자를 도울 수 있는 그 구체적인 방법을 아래에서 살펴보기로 한다.[48)]

첫째, 의도된 질문으로 결정을 내리는데 중요한 변수가 되는 학습자의 개인적인 조건들을 대화의 주제가 되도록 한다.

둘째, 전문지식과 경험을 활용하여 학습에 중요한 변수가 될 수 있는 관련성들에 주의를 기울이도록 한다.

셋째, 결정을 내린 이유와 근거에 대하여 캐묻거나, 이미 말하거나

---

47) 민춘기(2008:34) 참조.
48) 하수권(2012:97) 참조.

관찰한 적이 있는 것을 상기하게 하거나, 지금까지의 결정과 개인적인 실습경험, 학습전략을 평가하도록 하거나, 실현 가능한 결정을 하도록 동기를 부여하는 것과 같은 방식으로 대화하여 학습자가 앞으로 이러한 데이터와 이론에 근거하여 자신의 학습과정과 학습전략을 결정할 수 있도록 한다.

넷째, 학습자가 자신의 결정을 털어 놓고, 그것을 실천하는데 확신을 가질 수 있도록 상담사는 그의 대화 파트너가 되어야 한다.

아울러 교사가 상담사로서 상담과정에 늘 다음과 같은 사실들을 의식해야 한다.

첫째, 자신의 질문이 상담사인 자신을 위한 것이 아니라 학습자가 결정을 내릴 때 근거가 되는 정보를 얻는데 도움이 되어야 한다.

둘째, 자신의 전문지식을 활용하여 학습자가 어떻게 행동할 지를 구체적으로 지시하는 형식이 아니라 그것을 근거로 학습자가 스스로 결론을 내리도록 한다.

셋째, 학습자가 자신의 결정을 내릴 때 의식적으로 관련 연구의 최근 지식을 염두에 둘 수 있도록 한다.

넷째, 학습자는 자신의 결정을 상담사가 아니라 자기 자신에게 정당화하여야 한다.

오늘날 대부분의 경우 외국어학습 상담사는 외국어 교사 교육을 받고 교사로 활동하고 있다. 바로 이 교사 역할에서 그들은 학생들이 특정 학습목표를 달성하도록 지도하는 책임을 갖게 된다. 그들이 학생에게 구체적인 학습목표와 내용과 방법을 제시할 것이라는 기대를 그들 스스로, 그리고 학생들도 갖고 있다. 이러한 사고방식을 상담상황에 적용하면 역할에 혼돈이 발생한다. 상담사가 앞서 살펴 본 근본 원칙들을 고려하여 행동한다면 교사로서의 자신의 역할을 더욱 다양하게 이해하게 되고, 학생들이 수업에서 자기책임 아래 학습하는 기회를 더욱 많이 부여할 것이다.

III

연구 방법

이 장에서는 연구 대상의 일반적 사항과 연구 변인을 측정하기 위해 사용한 연구 도구에 대해 구체적으로 설명하고, 연구 모형 및 연구 절차를 밝히고, 아울러 연구에서 사용한 구체적인 통계프로그램의 여러 가지 분석방법을 소개하고자 한다.

1. 연구 대상

부산외국어대학교에서 2010학년도 2학기부터 2011학년도 2학기까지 총 3학기 중-한 Tandem I, II 수업에 참여한 중국어과 재학생을 본 연구의 조사 대상으로 삼았다. 2010학년도 2학기에 Tandem 수업을 신청한 한국 학생 24명과 중국 학생 24명, 총 48명이 두 개 반으로 나뉘어 수강하였고, 2011학년도 1학기에는 한국 학생 26명과 중국 학생 26,명 총 52명이 두 개 반으로 나뉘어 수강하였으며, 2011학년도 2학기에도 한국 학생 26명, 중국 학생 26명, 총 52명이 두 개 반으로 나뉘어 수강하였다. 3학기에 걸쳐 중-한 Tandem 과목을 수강한 학생은 총 76팀 152명으로, 76명의 한국인 중국어 학습자와 76명의 중국인 한국어 학습자로 구성되었다. 설문지는 152명에게 전부 배부하였는데 그 중 한 팀이 설문지를 작성하지 않아 150부를 회수하였으며, 회수율은 99%였다. 응답자의 일반적 사항에 대해 살펴보면 성별조합은 동성조합이 60.0%, 이성조합이 40.0%로 나타났으며, 성격 조합은 동질조합이 61.3%, 이질조합이 38.7%로, 목표어 수준 조합은 수준 차이가 있는 경우가 58.7%, 수준 차이가 없는 경우가 41.3%로 나타났다. 이문화 수준 조합은 수준 차이가 있는 경우가 54.7%, 수준 차이가 없는 경우가 45.3%로 나타났다.

2. 연구 도구

본 연구에서는 학습자 개인적 변인을 성별, 중국어 수준, 이문화 이해 수준, 성격 4개 요인으로 구성하였고, 학습자의 정의적 변인을 Tandem 학습능력, 즉 자기주도 학습능력과 협동 학습능력으로 정하였다. 이러한 학습자 변인에 따라 Tandem 수업에 대한 학습자의 만족도와 학습전략이 어떠한지를 알아보기 위해 설문지 작성, 면담, 관찰기록, 학습일지 등 조사방법을 채택하였고, 총 4개의 측정도구를 사용하였는데 구체적으로 살펴보면 다음과 같다.

첫째, 학습자의 개인적 특성인 인구학적 변인을 알아보기 위해 개인 신상에 관한 일반적인 정보를 설문지 형식과 면담형식으로 조사하였다. 설문지에서 연구변인에 관한 75개 객관식 문항에는 5점 리커트 척도 1="전혀 그렇지 않다" 2="그렇지 않다", 3="보통이다", 4="그렇다", 5="매우 그렇다"로 표시하게 하였다. 또한 중국인 학습자에 대한 설문조사를 하기 위해 중국어로 번역하여 사용하였다.

둘째, 자기주도 학습능력과 협동 학습능력을 알아보기 위하여 두 개 영역의 설문지를 작성하였다. Gulielmino(1997)가 제작한 자기주도학습 준비도 척도(Self-directed learning readiness scale: SDLRS)[49]를 West와

---

49) 자기주도학습 준비도 척도는 Guglielmino가 1977년 개발한 이래 지금까지 자기주도학습 연구에서 가장 빈번히 사용되는 도구이다. 그러나 여러 학자들은 여덟 요인 58개 문항으로 구성된 SDLRS의 문항수가 지나치게 많음과 중복되는 항목들이 많음을 지적하였으며,

Bentley (1990)이 32개 문항으로 축소하였고, 유귀옥(1997)이 다시 표준
화검사를 실시하여 척도문항을 만들었는데, 학습영역이나 내용에 관계
없이 거의 모든 자기주도학습관련 논문에서 신뢰도와 타당도가 충분한
검증을 받았으므로 본고에서도 유귀옥(1997)이 작성한 설문지를 그대로
사용하였다. 설문지는 학습에 대한 애착 요인 8문항, 학습자로서의 자기
확신 요인 8문항, 도전에 대한 개방성 요인 8문항, 학습에 대한 호기심
요인 4문항, 자기이해 요인 2문항, 학습에 대한 책임수용 요인 2문항으
로 총 32문항으로 구성되었다. 또한 본 연구의 목적과 범위에 따라, 자
기주도학습을 6개 요인으로 세분화하지 않고 32문항의 분석 결과를 학
습자의 자기주도 학습능력으로 간주하였다.

셋째, 협동 학습능력을 알아보기 위해 Johnson & Johnson(1992)의 협
동학습의 본질적 요소와 Doolittle(1995)가 제시한 소집단 학습의 기본
요소, Slavin(1995)이 언급한 협동학습의 중요한 특성[50], 그리고 이성호
(1999), 박성익(1997), 변영계·김광휘(1999), 최보금(2006)이 연구한 대학
에서 이루어지는 협동학습 기본요소를 조사하기 위해 만든 설문지를 토
대로 Tandem 학습에 맞게 변형하여 10개의 문항으로 이루어진 설문지
를 수정, 보완하여 사용하였다. 본 연구의 목적과 범위에 따라 협동능력
역시 요인별로 세분화하지 않고 10개 문항을 전체 협동 학습능력으로
보고 연구에 활용하였다.

넷째, Tandem 수업에 대한 만족도 측정을 위해 정재삼·임규연(2000)

이에 West와 Bentley(1990)는 요인분석한 자료를 토대로 여섯 요인 32개 문항으로 축소하
여 Likert 방식에 의한 5단계 척도로 재구성하였다.

50) 협동학습의 기본 요소에 대한 분류는 여러 학자들에 의해 연구된 바 있는데 Johnson
& Johnson(1992)은 '긍정적 상호 의존성', '개별적 책무성', '대면적 상호작용', '협동적 기술',
'집단과정' 등 5가지 협동학습의 본질적 요소를 제시하였고다. Slavin(1995)는 '집단목표',
'개별적 책무성', '균등한 성공기회', '집단경쟁', '과제 세분화', '개별적 적응' 등 6가지로
분류하였다.

이 Stein(1997)의 설문문항을 번안하여 사용한 설문 문항과 김영희(2006)가 학습자 개인차 변인과 만족도의 관계규명을 알아보기 위해 개발한 문항들을 참고하여 Tandem 학습에 맞게 필자가 총 5개의 문항으로 수정하였다. 세 문항은 5점 리커트 척도를 사용하였고, 나머지 두 개 문항은 다항선택 및 주관식으로 작성하여 빈도분석으로 학습자들이 수업에 대한 만족도를 조사하였다.

다섯째, 본 연구에서는 학습자들이 사용한 중국어 학습전략을 측정하기 위해 Oxford(1990)가 개발한 "The Strategy Inventory for Language Learning(SILL)"의 50개 문항을 이은형(2008)이 중국어 학습에 맞게 수정·제작한 30개의 문항을 참고하였고, 이를 토대로 본고에서는 다시 중국어 Tandem 학습에 맞게 적절히 변형하여 30개 문항으로 개발하였다. 학습전략은 직접전략과 간접전략으로 구분하고 직접전략을 다시 기억전략, 인지전략, 보상전략으로 나누고, 간접전략을 다시 상위인지전략, 정의적 전략, 사회적 전략으로 나누어 조사하였다.

여섯째, 본 연구에 학습자들과의 학기별 두 차례 면담과 수업시간 학습관찰, 녹음·녹화 자료를 활용하였고 설문지의 문항에 대한 교사들의 의견을 수렴하였다.

설문지 작성이 완료된 후 각 측정변수 문항의 신뢰도[51] 검증을 위하여 크론바흐 알파계수(Cronbach's Alpha Coefficient)를 산출하였는데 아래 표와 같다.

---

51) 신뢰성이란 측정문항 간의 내적 일관성(internal consistency)을 뜻하며 측정변수의 진정한 값을 측정할 수 있는 정도라고 할 수 있다. 본 연구에서는 측정도구들에 관한 정확성이나 정밀성의 신뢰도를 측정하기 위하여 하나의 개념에 대해 여러 개의 항목으로 구성된 척도에 사용되는 크론바흐 알파계수(Cronbach's Alpha Coefficient)를 이용하여 신뢰도를 측정하였다. 일반적으로 알파계수의 값이 0.6 이상이면 신뢰성이 있다고 할 수 있으며, 항목을 제거하여 알파계수 향상으로 측정도구의 신뢰성을 높일 수 있다.

〈표 4〉 학습자 정의적 변인과 만족도의 신뢰도 분석

구분	Cronbach의 알파	항목 수
자기주도 학습능력	.845	32
협동 학습능력	.841	10
Tandem 학습 만족도	.807	3

〈표 4〉와 같이 각 신뢰도 분석 결과, 자기주도 학습능력에 대한 신뢰도 계수가 .845으로 나타났고, 협동 학습능력에 대한 신뢰계수가 .841, Tandem 학습 만족도에 대한 신뢰계수가 .807으로 나타나, 모든 문항에서 .6 이상으로 나타났으며, 이는 각 문항 간 내적 일치도가 매우 높은 것으로 나타났다.

Tandem 학습법을 활용한 중국어 수업에서 학습자들이 사용하는 학습전략을 측정하기 위하여 Oxford의 SILL(Strategy Inventory for Language Learnin) 모형을 중국어 Tandem 수업에 맞게 수정하여 제작하였으며, 학습전략 요인별 구체적인 설문 구성은 다음과 같이 진행되었다.[52]

Oxford의 SILL 모형은 '기억전략', '인지전략', '보상전략', '메타인지전략', '정의적 전략', '사회적 전략'의 6개 전략 항목으로 구성되어 있으며, 이 모형은 영어를모국어로 사용하지 않는 학습자들이 영어 학습 과정에서 사용하게 되는 각종 학습전략을 망라한 것으로 본 연구의 주제인 중국어 학습에 기본적인 틀을 그대로 적용해도 무리가 없을 것으로 판단하여 6개 학습전략 항목을 그대로 유지하고 세부 항목을 수정하는 방식으로 다음과 같이 설문항목을 개발하였다.

Oxford의 기억전략은 전체 9개 항목으로 이루어져 있으며, 세부 항목

---

[52] Tandem 수업에서의 중국어 학습전략 설문문항 개발은 이은형(2008)연구에서 제안한 중국어 학습전략을 참고하여 Tandem 수업에 맞게 수정·보완한 것임.

들은 새로운 학습 내용을 기존에 알고 있던 지식에 적용하거나 새로운 영어 단어를 문장 속에 넣어 사용하거나 이미지나 사진, 플래시카드, 몸동작 등을 이용하여 기억 훈련을 하는 내용들로 구성되어 있다. 본 연구에서는 Oxford의 기존 설문을 중국어에 그대로 적용하거나 일부 수정하여 다음의 5개 항목과 같이 중국어 학습의 기억전략의 세부 항목 전략을 설정하였다.

<표 5> 학습전략 설정 항목 - 기억전략

Oxford 모형의 관련 설문 항목	최종 설문 항목
기억전략	기억전략
1. 나는 기존에 아는 지식과 새로 배운 영어 학습 내용의 관계를 생각해 본다.	1-1. 나는 새로운 것을 배울 때 이미 배운 내용과 연관 지어 생각해 본다.
2. 나는 새로운 영어 단어를 기억할 수 있도록 문장에 넣어 사용해 본다.	1-2. 나는 새로 배운 단어의 발음이나 형태를 그 단어와 연관 지어 암기한다.
3. 새로운 영어 단어의 음을 그 단어를 기억하는 데 도움을 줄 수 있는 이미지나 사진과 연관 짓는다.	1-3. 나는 새로 배운 단어나 표현을 파트너와의 대화에 넣어 연습하며 암기한다.
4. 새로운 영어 단어를 외울 때 그 단어가 사용될 수 있는 상황을 머릿속으로 그려 보면서 암기한다.	1-4. 나는 Tandem 수업에서 배운 내용을 자주 복습한다.
5. 나는 새로운 영어 단어를 외울 때 압운을 이용하여 암기한다.	1-5. 나는 새로 배운 단어를 문장에 넣어 암기한다.
6. 나는 플래시카드를 이용해서 새로운 영어 단어를 암기한다.	
7. 나는 새로운 영어 단어를 몸동작으로 표현해본다.	
8. 나는 영어 수업 내용을 자주 복습한다.	
9. 나는 교과서 페이지, 칠판, 길거리 표지판 등에서 새로운 영어 단어가 나온 위치를 기억하면서 영어 단어를 암기한다.	

Oxford의 인지전략은 영어 학습자가 의도적으로 영어 활용 및 훈련 상황을 만들어 보면서 영어 단어를 암기하거나, 영어 회화를 연습하는 등의 활동을 중심으로 14개 항목을 설정하여 구성하고 있다. Tandem 수업을 운영하면서 학습자들과의 면담, 학습자들의 학습경험 발표를 토대로 인지전략 외 기타 전략과 중복되는 부분을 제외하고, 나머지 항목들 중에서 중국어 학습자가 Tandem 수업에서 보다 쉽게 활용할 수 있고 자주 사용될 것으로 예측되는 내용을 선별하여 다음과 같이 5개 항목으로 구성하였다.

〈표 6〉 학습전략 설정 항목 - 인지전략

Oxford 모형의 관련 설문 항목	최종 설문 항목
인지전략	인지전략
1. 나는 새로운 영어 단어를 여러 차례 말하거나 써본다.	2-1. 나는 새로운 단어와 유사한 말을 한국어에서 찾아본다.
2. 나는 원어민처럼 영어를 말하려고 노력한다.	2-2. 나는 발음할 때 실제 중국인처럼 말할 수 있도록 노력한다.
3. 나는 영어 단어의 음을 연습한다.	2-3. 나는 파트너와 대화를 중국어로 시작한다.
4. 나는 내가 알고 있는 영어 단어를 여러 다른 방식으로 활용해 본다.	2-4. 나는 중국어로 된 메모, 편지, 보고서 등을 쓴다.
5. 나는 영어로 대화를 시작한다.	2-5. 나는 중국어 단어를 하나씩 해석하기보다 문장 전체를 이해하려 노력한다.
6. 나는 영어로 나오는 영어 TV쇼를 시청하거나, 영어로 나오는 영화를 보러 간다.	
7. 나는 재미로 영어를 읽어본다.	
8. 나는 영어로 메모, 편지, 보고서 등을 쓴다.	
9. 나는 우선 영어 한 단락을 훑어본 후에 다시 돌아가서 차근차근 읽어 본다.	
10. 나는 새로운 영어 단어와 유사한 말을 모국어에서 찾아본다.	
11. 나는 영어에서 패턴을 찾아내려고 노력한다.	
12. 나는 영어 단어의 뜻을 찾아내기 위	

해 내가 이해할 수 있는 단위로 나누어 본다.	
13. 나는 단어 단위로 해석하지 않으려고 노력한다.	
14. 나는 영어로 듣거나 읽은 정보를 요약해 본다.	

Oxford의 보상전략은 영어 학습자가 어떤 영어 단어의 뜻을 모를 때 취할 수 있는 각종 대응책들을 제시하고 있다. 즉 학습자들은 모르는 영어 단어를 발견하면 그 의미를 추측해 보기도 하고, 대화 중에 표현해야 하면 몸짓으로 대체하는 전략들을 사용하게 되는 것이다. Oxford의 보상전략 세부 항목은 모두 6개로 이루어져 있는데, 5번째 항목인 '나는 다른 사람이 영어로 어떤 말을 할지 추측해 본다'는 Tandem 수업의 경우, 첫 번째 항목과 중복되므로 이 항목만을 제외하고 다음과 같이 5개 항목으로 재구성하였다.

〈표 7〉 학습전략 설정 항목 - 보상전략

Oxford 모형의 관련 설문 항목	최종 설문 항목
보상전략	보상전략
1. 낯선 영어 단어를 이해하기 위해서 추측해 본다.	3-1. 나는 모르는 중국어 어휘가 나오면 그 의미에 대해 추측해 본다.
2. 영어로 대화를 할 때 어떤 단어가 떠오르지 않으면 제스처를 사용한다.	3-2. 나는 파트너와 대화할 때 어떤 중국어 단어가 떠오르지 않으면 몸짓으로 표현한다.
3. 나는 영어 단어가 떠오르지 않으면 새로운 단어를 만들어 낸다.	3-3. 나는 모르는 중국어 단어나 표현이 나오더라도 매번 사전을 찾지 않는다.
4. 나는 영어 문장을 읽을 때 모르는 단어마다 찾지는 않는다.	3-4. 중국어 단어나 표현이 생각나지 않으면 비슷한 의미의 단어나 표현으로 대신한다.
5. 나는 다음 사람이 영어로 어떤 말을 할지에 대해 추측해 본다.	3-5. 나는 적절한 중국어 단어가 생각나지 않으면 새로운 표현을 만들어 낸다.
6. 특정 영어 단어가 떠오르지 않으면, 같은 것을 뜻하는 단어나 구절을 사용한다.	

Oxford의 상위인지전략은 영어 학습자가 자신의 학습 과정을 계획하고 조절하는 각종 행동 방식으로 구성되어 있으며, 자신의 영어 능력을 향상시키기 위한 최적의 학습방법을 찾고 이를 계획하고 도움을 받을 수 있는 사람을 찾는 등의 적극적인 학습전략 항목들로 구성이 되어 있다. Tandem 수업 특성상 원어민과 1:1로 중국어를 학습하고 있기 때문에 여섯 번째 항과 같은 항목은 제외하였고, 또한 Tandem 수업을 하면서 학습자들의 학습을 관찰하고 면담을 통해 다섯 번째 항과 같은 고도의 자기주도성을 요하는 항목은 Tandem 수업에 맞게 조절하여 문항을 다음 표와 같이 구성하였다.

〈표 8〉 학습전략 설정 항목 - 상위인지전략

Oxford 모형의 관련 설문 항목	최종 설문 항목
상위인지전략	상위인지전략
1. 나는 영어를 활용할 수 있도록 가능한 많은 방법을 찾아본다. 2. 나는 내 영어상의 실수를 알게 되면 나중에 더 잘 하기 위해 그 정보를 활용한다. 3. 나는 누군가 영어로 말하면 주의를 기울이게 된다. 4. 나는 더 나은 영어 학습자가 되는 법을 알기 위해 노력한다. 5. 영어 공부를 할 시간을 더욱 많이 확보하기 위해 일상 스케줄을 계획한다. 6. 나는 영어로 대화를 나눌 수 있는 사람들을 찾아다닌다. 7. 나는 영어로 된 글을 읽을 기회를 가능한 한 찾는 편이다. 8. 나는 내 영어 능력을 향상시키기 위한 뚜렷한 목표가 있다. 9. 나는 영어 공부를 하는 데 있어 나의 능력 향상을 고려한다.	4-1. 나는 효율적인 Tandem 수업을 진행하기 위해 항상 수업계획을 세우고 준비한다. 4-2. 나는 중국어 능력을 향상시키기 위한 뚜렷한 목표가 있다. 4-3. 나는 Tandem 수업에서의 50:50 원칙을 지키기 위해 중국어를 가능한 많이 사용한다. 4-4. 나는 파트너가 한국어로 말할 때보다 중국어로 말하면 주의를 더 기울이게 된다. 4-5. 오류를 알게 되면 더 잘하기 위해 오류정보를 정리하고 대화나 쓰기에 활용한다.

Oxford의 정의적 전략은 영어 학습자가 학습 과정에 느끼는 불안감이나 다양한 감정에 대한 대응 방식으로 구성되어 있다. 즉, 영어로 말하는 것이 두려울 때 마음을 안정시키도록 노력한다든지, 영어 학습 과정에서 느끼는 점을 타인에게 전달하는 등의 정서적인 활동들에 대한 내용을 포함하고 있다. 중국어 학습자 역시 중국어 Tandem 수업 중에 파트너와 말할 때 혹은 발표할 때 부담감을 느낄 수 있으며, 이러한 상황에 대한 나름의 대응 방식이 있을 것으로 판단하여 다음 표와 같이 항목을 설정하였다. 그 밖에 중국어 학습에 대한 감정을 타인과 나누는 활동은 Tandem 수업 특성 상 매주 수업 끝나고 작성한 학습일지를 고려하여 Oxford의 항목을 일부 수정하여 다음 표와 같이 적용하였다.

〈표 9〉 학습전략 설정 항목 - 정의적 전략

Oxford 모형의 관련 설문 항목	최종 설문 항목
정의적 전략	정의적 전략
1. 영어로 말하는 것이 겁날 때는 마음을 안정시키려 노력한다. 2. 나는 실수할 것이 두려울지라도 스스로 영어로 말하도록 북돋운다. 3. 나는 내가 영어를 잘 하면 스스로 상을 준다. 4. 나는 영어 공부를 하거나 영어를 사용할 때 긴장을 하는 편이다. 5. 나는 어학 학습 일지에 느낀 점을 기록한다. 6. 나는 영어를 배울 때 어떤 느낌이 드는지 다른 사람에게 이야기 해 본다.	5-1. 나는 중국어로 말할 때 긴장하는 것을 느낀다. 5-2. 나는 실수를 두려워하지 않고 스스로 용기 내어 파트너와 중국어로 말한다. 5-3. 나는 중국어로 대화를 잘 하면 스스로 만족하며 뿌듯해한다. 5-4. 나는 Tandem 수업을 마치고, 학습일지에 항상 느낀 점을 기록한다. 5-5. 나는 파트너 혹은 다른 사람에게 내가 Tandem 수업할 때에 느낀 점을 이야기한다.

Oxford의 사회적 전략은 영어 학습자가 타인과의 교류를 통해 영어를 학습하거나, 원어민의 도움을 요청하는 활동들로 구성되어 있다.

Tandem 수업은 학습자들이 사회적 전략을 가장 많이 쓸 수 있는 수업 방식으로 사회적 전략 6개 항목 중 다섯 번째 항목은 기타 문항들과 중복성을 띠기 때문에 제외하고 나머지 5개 항목은 중국어 Tandem 학습 상황에 맞게 적절히 변형하여 다음과 같이 문항을 재구성 하였다.

〈표 10〉 학습전략 항목 설정 - 사회적 전략

Oxford 모형의 관련 설문 항목	최종 설문 항목
사회적 전략	사회적 전략
1. 영어로 무엇인가 이해되지 않으면, 천천히 말해 달라 부탁한다.	6-1. 나는 파트너에게 나의 중국어 발음을 수정해 달라고 부탁한다.
2. 나는 영어를 모국어로 하는 화자에게 내가 영어를 말할 때 교정해줄 것을 부탁한다.	6-2. 나는 다른 팀원들과 함께 중국어로 대화하고 연습한다.
3. 나는 다른 학생들과 영어를 함께 연습한다.	6-3. 나는 파트너의 중국어를 이해하지 못하면 천천히 말해 달라고 부탁한다.
4. 나는 영어 화자들에게 도움을 청한다.	6-4. 나는 파트너와의 교류는 중국어학습에 있어서 아주 중요하다고 생각한다.
5. 나는 영어로 질문한다.	
6. 나는 영어 화자들의 문화에 대해 배우려고 노력한다.	6-5. 나는 파트너의 문화를 배우고 이해하려 노력한다.

이상과 같이 학습전략 설문 문항을 중국어 Tandem 수업에 맞게 변형하여 설문지를 작성하였고, 응답한 설문지를 토대로 전략별 신뢰도 분석을 한 결과 아래 표와 같다.

〈표 11〉 학습전략 신뢰도 분석

학습전략	Cronbach의 알파	항목 수
기억전략	.620	5
인지전략	.701	5
보상전략	.895	5

직접전략	.682	15
상위인지전략	.640	5
정서적전략	.785	5
사회적전략	.652	5
간접전략	.694	15
전체학습전략	.685	30

〈표 11〉과 같이 학습전략 요인에 대한 신뢰도 분석 결과, 기억전략에 대한 신뢰도 계수가 .620으로 나타났고, 인지전략에 대한 신뢰계수가 .701, 보상전략에 대한 신뢰계수가 .895, 직접전략에 대한 신뢰계수가 .682으로 나타났다.

또한 상위인지전략에 대한 신뢰계수가 .640, 정서적 전략에 대한 신뢰계수가 .785, 사회적 전략에 대한 신뢰계수가 .652, 간접전략에 대한 신뢰계수가 .694, 전체학습전략에 대한 신뢰계수가 .685으로 나타나, 모든 문항에서 .6 이상으로 나타났으며, 이는 각 문항 간 내적 일치도가 매우 높은 것으로 나타났다.

3. 연구 설계

본 연구는 CFL 환경에서 학습하고 있는 중국어 학습자들에게 CSL 환경을 조성해줄 수 있는 Tandem 학습법의 실효성을 향상시키기 위해 학습자 변인에 따라 수업 만족도 차이를 조사하고, 원어민과의 협동학습 과정에서 학습자 변인별 중국어 학습이 어떻게 이루어지는가를 학습전략적 측면에서 분석하였다. 아울러 연구 결과를 바탕으로 학습자와의 상담을 통한 학습전략 훈련방안을 모색하여 중국어 학습의 효율성을 향상시키고, 진정한 의미의 학습자 중심 교육을 실현하고자 본 연구가 수행되었다. 이러한 지도방안을 모색하기 위하여 아래와 같이 연구모형을 설계하였다.

첫째, 학습자의 개인적 변인(성별조합, 성격조합, 목표어 수준조합, 이문화 이해 수준조합)에 따라 Tandem 학습능력(자기주도 학습능력, 협동 학습능력)이 차이가 있는지를 알아보았다.

둘째, 학습자의 개인적 변인(성별조합, 성격조합, 목표어 수준조합, 이문화 이해 수준조합)에 따라 Tandem 학습 만족도(수업 만족도)가 차이가 있는지를 알아보았다.

셋째, 학습자 Tandem 학습능력(자기주도 학습능력, 협동 학습능력)을 학습자의 정의적 변인으로 설정하고, 학습자의 정의적 변인(Tandem 학습능력), Tandem 학습 만족도(수업 만족도), Tandem 학습에서 사용되는 중국어 학습전략(6개 전략) 간의 상관관계를 분석하였다.

넷째, 학습자의 정의적 변인(Tandem 학습능력)이 Tandem 학습 만족도(수업 만족도)와 중국어 학습전략(6개 전략)에 미치는 영향을 분석하였다.

다섯째, Tandem 학습 만족도(수업 만족도)에 따라 학습자의 중국어 학습전략이 차이가 있는지를 알아보았다.

이와 같은 연구변인들 간의 관계는 다음의 연구 모형에 제시할 수 있다.

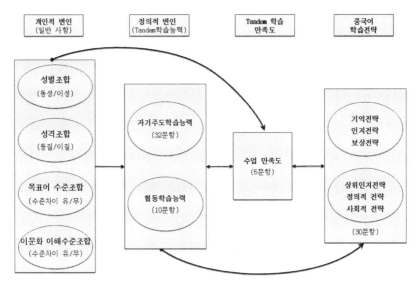

〈그림 1〉 전체 연구 모형

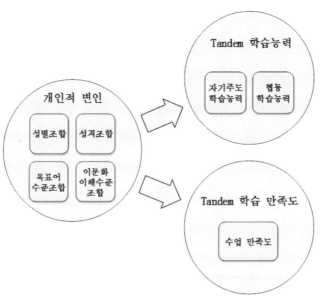

〈그림 2〉 세부 연구 모형 1

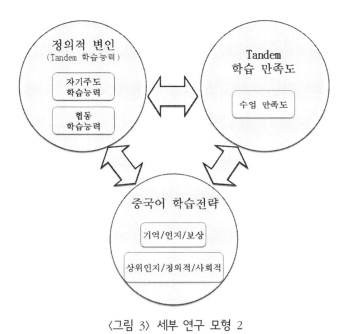

〈그림 3〉 세부 연구 모형 2

4. 연구 절차

본 연구에서는 Tandem 학습법을 활용한 중국어 학습자들이 개인적 변인과 정의적 변인에 따라 학습전략이 어떻게 실현되는지를 알아보기 위해 아래와 같은 연구절차를 거쳤다.

선행연구 고찰을 통해 이론적 구조와 연구모형을 설정하고, 모형에 대한 적합성 검증을 위해 자료를 수집하고 통계처리를 통하여 자료를 분석하였다.

1) 준비단계

연구진행을 위한 준비단계에서는 자기주도학습과 협동학습, 학습전략에 관련된 이론을 고찰하고 Tandem 학습법을 활용한 중국어 수업에서 학습자의 특성 및 관련된 요인들을 검토하였다. 이러한 문헌분석과 선행연구로부터 Tandem 학습을 성공적으로 수행해 나가기 위해서는 자기주도능력과 협동능력이 필수적으로 요구된다는 점을 전제로 하여 학습자 변인을 개인특성 변인으로 성별조합, 목표어 수준조합, 이문화 이해 수준조합, 성격조합을 설정하였고, 정의적 변인으로 자기주도 학습능력과 협동 학습능력을 연구변인으로 설정하였다.

설정된 연구변인들 간의 상호 영향 관계에 대한 연구모형을 설정하고 이를 검증하기 위해 연구변인별 조사도구를 개발하였다. 조사도구는 선행연구에서 이미 개발하여 활용된 것을 수정, 보완하여 사용하였다.

2) 자료수집 및 분석방법

본 연구의 자료 수집은 2010학년도 2학기부터 2011학년도 2학기까지 총 3학기에 걸쳐 6차례의 설문조사, 6차례의 면담, 학습일지, 관찰일지, 수업내용 녹음을 바탕으로 실시되었다. 학생들의 설문지 작성의 신뢰도를 높이기 위하여 학기 중 한 차례의 예비설문을 하고 학기말에 최종 설문지를 배부하여 작성하게 하는 방식으로 진행하고 최종설문지를 본 연구에 활용하였다. 또한 매 학기 중간고사 전, 중간고사 후 두 차례의 학생들과의 면담을 진행하였고, 학생들의 수업진행을 녹음, 녹화의 방법으로 수집하여 본 연구에 사용하였다.

〈표 12〉 연구 시간표

기간	면담	설문조사	비고
2010학년도 2학기 (2010.9.2~2010.12.2)	2주차 9주차 10주차	2010. 12. 2	1. 개강 2주차 Tandem 파트너를 정하기 위한 전원 면담 실시. 2. 중간고사 후 2주에 걸쳐 Tandem 학습 중간 점검을 위한 면담 실시. 3. 설문조사는 Tandem 수업 마지막 주인 14주차에 실시.53)
2011학년도 1학기 (2011.3.2~2011.6.2)	2주차 9주차 10주차	2011. 6. 2	
2011학년도 2학기 (2011.9.1~2010.11.24)	2주차 9주차 10주차	2011. 11. 24	

분석단계에서 수집된 150부의 설문지를 바탕으로 한국인 중국어 학습자들이 작성한 75부의 설문지를 중심으로 연구의 분석에 활용하였다.

자료의 분석은 통계분석프로그램인 SPSSWIN 15을 활용하였고, SILL 설문지 척도의 신뢰도 검증을 위하여 내적 합치도 계수(Cronbach's alpha)54)를 이용하다. 그리고 통계방법은 독립변수의 특성에 따라 각 요인의 평균(M)과 표준편차(SD)를 산출하였고, 일원변량분석(one-way ANOVA), 상관관계분석, 회귀분석 등 다양한 분석방법을 실시하였다. 구체적으로 살펴보면 아래와 같다.

첫째, 각 영역에 대한 신뢰도 검사를 실시하여 문항간의 신뢰도를 측정하여 예측가능성, 정확성 등을 살펴보았다.

둘째, 응답자의 일반적 사항에 대해 살펴보기 위하여 빈도분석을 실시하였다.

---

53) 2011학년 2학기 설문 조사는 논문 심사일정을 맞추기 위해 13주차에 실시하였다.

54) 신뢰도 분석은 측정도구의 신뢰성을 확인하기 위한 분석방법으로 일반적으로 Cronbach's alpha .06 이상이면 신뢰성이 있다고 본다.

셋째, Tandem 학습능력(협동 학습능력, 자기주도 학습능력), 학습전략에 대한 평균값과 표준편차를 살펴보기 위하여 기술통계분석을 실시하였다.

넷째, 학습자의 개인적 변인에 따른 Tandem 학습능력(협동 학습능력, 자기주도 학습능력), Tadem 수업 만족도 차이를 살펴보기 위하여 t-검증을 실시하였다.

다섯째, 학습자의 정의적 변인인 Tandem 학습능력(협동 학습능력, 자기주도 학습능력)과 Tandem 수업 만족도, 중국어 학습전략 간의 상관관계를 살펴보기 위하여 상관분석을 실시하였다.

여섯째, Tandem 학습능력(자기주도 학습능력, 협동 학습능력), Tandem 학습 만족도가 학습전략에 미치는 영향에 대해 살펴보기 위하여 회귀분석을 실시하였다.

일곱째, 학습자의 Tandem 수업 만족도 수준에 따른 학습전략 사용 차이를 살펴보기 위하여 일원변량분석(one way-anova)을 실시하였다.

본 연구의 실증분석은 모두 유의수준 $p < .05$, $p < .01$, $p < .001$에서 검증하였으며, 통계처리는 SPSS 15.0 프로그램을 사용하여 분석하였다.

IV

연구 결과 및 논의

이 장에서는 우선 수집된 자료를 바탕으로 기초 통계 분석 결과를 제시하고, 이러한 기초 통계 분석을 통해 연구 가설에 대한 검증 결과를 구체적으로 설명하고자 한다. 아울러 각 변인들의 통계 결과를 토대로 Tandem 학습법을 활용한 중국어 수업에서 학습전략 훈련의 적용 가능성에 대해 논의하고 구체적인 훈련방안을 제시하여 효율적인 Tandem 수업을 도모하고자 한다.

1. 기초 통계 분석 결과

본 연구에서는 학습자 개인적 변인, 학습자 정의적 변인인 Tandem 학습능력(자기주도 학습능력, 협동 학습능력), Tandem 수업 만족도, 학습전략 등 4개 변인을 연구변인으로 설정하고, 본 연구의 목적인 각 변인들 간의 관계를 알아보고자 각 변인에 대한 기초 통계 분석을 실시하였는데 결과는 다음 표와 같다.

〈표 13〉 응답자 일반 특성

개인적 변인	분 류	빈도	퍼센트(%)
성별조합	동성조합	45	60.0
	이성조합	30	40.0
성격조합	동질조합	46	61.3
	이질조합	29	38.7
목표어 수준조합	수준차이 무	31	41.3
	수준차이 유	44	58.7

이문화 이해 수준조합	수준차이 무	34	45.3
	수준차이 유	41	54.7
합계		75	100.0

〈표 13〉에서 보는 바와 같이 응답자의 일반 특성에 대해 살펴보면 성별조합은 동성조합이 60.0%, 이성조합이 40.0%로 나타났으며, 성격 조합은 동질조합이 61.3%, 이질조합이 38.7%로, 목표어 수준 조합은 수 준 차이가 있는 경우가 58.7%, 수준 차이가 없는 경우가 41.3%로 나타 났다. 이문화 수준 조합은 수준 차이가 있는 경우가 54.7%, 수준 차이가 없는 경우가 45.3%로 나타났다.

〈표 14〉 응답자 정의적 변인 기술통계

Tandem 학습능력	N	최소값	최대값	평균	표준편차
자기주도 학습능력	75	75	148	114.51	12.346
협동 학습능력	75	25	50	40.67	4.905

〈표 14〉에서 보는 바와 같이 응답자 정의적 변인인 Tandem 학습능력 의 기술통계를 살펴보면 자기주도 학습능력 평균이 114.51점, 협동 학 습능력 평균이 40.67점으로 나타났다.

Tandem 학습 만족도를 알아보기 위해 Tandem 학습법을 활용한 수업 에서 학생들의 수업 만족도를 설문조사하였는데 5개 문항 중 3문항은 5점 리커트 척도를 사용하였고, 나머지 2항은 "Tandem 수업을 통해 무 엇을 배웠는가"와 "Tandem 수업 시 어려웠던 점"을 중복응답 방법으로 조사하였다.

〈표 15〉 Tandem 학습 만족도 기술통계

	N	최소값	최대값	평균	표준편차
수업 만족도	75	5	15	12.03	2.033

〈표 15〉에서 보는 바와 같이 Tandem 학습 만족도에 3개 문항에 대한 기술통계는 평균 12.03점으로 나타났고, 수업 만족도와 학습전략의 상관관계를 알아보기 위해 수업 만족도를 아래와 같이 3등급으로 나누었다.

〈표 16〉 Tandem 학습 만족도 구분

분류	N	평균	표준편차	점수 분포	비율
상(a)	18	14.39	.502	14-15점	24.0%
중(b)	29	12.59	.501	12-13점	38.7%
하(c)	28	9.93	1.514	11점 이하	37.3%
합계	75	12.03	2.033		100%

〈표 16〉에서 보는 바와 같이 Tandem 학습 만족도 수준에 따른 학습 전략 사용에 차이가 있는지를 알아보기 위하여 만족도 기술통계를 중위수법으로 3개 수준으로 나누었는데 점수분포는 상(a)이 14-15점, 중(b)이 12-13점, 하(c)가 11점 이하이다.

〈표 17〉에서 보는 바와 같이 Tandem 수업을 통해 배운 점에 대해 살펴보면 문화습득이 23.2%로 가장 높은 것으로 나타났으며, 어휘 및 관용어 습득이 22.8%, 의사소통 능력 향상이 14.8%, 동기부여가 12.0%, 학습열정 향상이 11.2%, 작문능력 향상이 10.4%, 문법습득이 2.8%, 기

〈표 17〉 Tandem 수업을 통해 습득한 내용

	습득한 내용								합계
	어휘 관용어 습득	문화습득	쓰기 능력 향상	의사소통 능력향상	문법습득	학습열정 향상	동기부여	기타	
빈도	57	58	26	37	7	28	30	7	250
%	22.8%	23.2%	10.4%	14.8%	2.8%	11.2%	12.0%	2.8%	100.0%

(중복응답)

타가 2.8%로 순으로 나타났다. Tandem 학습법을 적용한 중국어 수업에서 학습자들이 수업을 통해 습득하거나 향상된 영역의 비율을 아래와 같은 그림으로 표시할 수 있겠다.

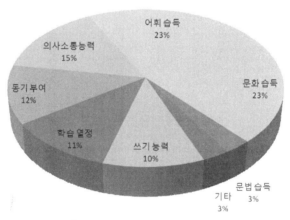

〈그림 4〉 Tandem 수업에서 얻은 성과

〈표 18〉 Tandem 수업을 하면서 어려웠던 점

	Tandem 수업 시 어려웠던 부분						합계
	학습 계획을 자기주도적으로 세우지 못했다	중국어 수준 부족으로 인한 의사소통 어려움	학습 환경이 좋지 않음	파트너와의 갈등	컴퓨터 활용	기타	
빈도	23	48	2	3	13	13	102
%	22.5%	47.1%	2.0%	2.9%	12.7%	12.7%	100.0%

(중복응답)

〈표 18〉에서 보는 바와 같이 Tandem 수업을 하면서 어려운 점에 대해 살펴보면 목표어 수준 부족으로 인한 의사소통 어려움이 47.1%로 가장 높게 나타났으며, 학습계획을 자기 주도적으로 잘 세우지 못했다가 22.5%, 컴퓨터사용이 12.7%, 기타가 12.7%, 파트너와의 갈등이 2.9%, 학습 환경이 좋지 않음이 2.0% 순으로 나타났다. Tandem 수업에서 어려웠던 부분을 아래 그림과 같이 표시할 수 있다.

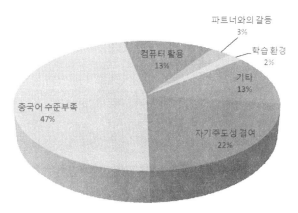

〈그림 5〉 Tandem 수업에서 어려웠던 부분

〈표 19〉 중국어 학습전략 문항별 기술통계

학습전략에 관한 설문 문항	N	평균	표준편차
나는 새로운 것을 배울 때 이미 배운 내용과 연관 지어 생각해 본다.	75	3.52	.811
나는 새로 배운 단어의 발음이나 형태를 그 단어와 연관 지어 암기한다.	75	3.49	.891
나는 새로 배운 단어나 표현을 파트너와의 대화에 넣어 연습하며 암기한다.	75	3.27	.827
나는 Tandem 수업에서 배운 내용을 자주 복습한다.	75	2.97	.838
나는 새로 배운 단어를 문장에 넣어 암기한다.	75	3.16	.772
기억전략	75	3.28	.522
나는 새로운 단어와 유사한 말을 한국어에서 찾아 본다.	75	3.55	1.004
나는 발음할 때 실제 중국인처럼 말할 수 있도록 노력한다.	75	3.83	.876
나는 파트너와 대화를 중국어로 시작한다.	75	2.99	1.121
나는 중국어로 메모, 편지, 보고서 등을 쓴다.	75	3.19	.996
나는 중국어 단어를 하나씩 해석하기보다 문장 전체로 이해하려 노력한다.	75	3.68	.932
인지전략	75	3.45	.537
나는 모르는 중국어 어휘가 나오면 그 의미에 대해 추측해 본다.	75	3.69	.753
나는 파트너와 대화할 때 어떤 중국어 단어가 떠오르지 않으면 몸짓으로 표현한다.	75	3.77	1.134
나는 모르는 중국어 단어나 표현이 나오더라도 매번 사전을 찾지 않는다.	75	2.67	1.070
중국어 단어나 표현이 생각나지 않으면 비슷한 의미의 단어나 표현으로 대신한다.	75	3.85	.766
나는 적절한 중국어 단어가 생각나지 않으면 새로운 표현을 만들어 낸다.	75	3.17	.978
보상전략	75	3.43	.464
직접전략(기억전략, 인지전략, 보상전략)	75	3.39	.354

나는 효율적인 Tandem 수업을 진행하기 위해 항상 수업계획을 세우고 준비한다.	75	3.55	.810
나는 중국어 능력을 향상시키기 위한 뚜렷한 목표가 있다.	75	3.76	.819
나는 Tandem 수업에서의 50:50 원칙을 지키기 위해 중국어를 가능한 많이 사용한다.	75	3.45	1.017
나는 파트너가 한국어로 말할 때보다 중국어로 말하면 주의를 더 기울이게 된다.	75	4.05	.853
오류를 알게 되면 더 잘하기 위해 오류정보를 정리하고 대화나 쓰기에 활용한다.	75	3.68	.903
상위인지전략	75	3.70	.524
나는 중국어로 말할 때 긴장하는 것을 느낀다.	75	3.69	1.162
나는 실수를 두려워하지 않고 스스로 용기 내어 파트너와 중국어로 말한다.	75	3.59	.960
나는 중국어로 대화를 잘 하면 스스로 만족하며 뿌듯해한다.	75	4.33	.844
나는 Tandem 수업을 마치고, 학습일지에 항상 느낀 점을 기록한다.	75	3.39	.971
나는 파트너 혹은 다른 사람에게 내가 Tandem 수업할 때에 느낀 점을 이야기한다.	75	4.00	.870
정의적 전략	75	3.80	.448
나는 파트너에게 나의 중국어 발음을 수정해 달라고 부탁한다.	75	3.93	.905
나는 다른 팀원들과 함께 중국어로 대화하고 연습한다.	75	3.19	.996
나는 파트너의 중국어를 이해하지 못하면 천천히 말해 달라고 부탁한다.	75	4.17	.812
나는 파트너와의 교류는 중국어학습에 있어서 아주 중요하다고 생각한다.	75	4.48	.723
나는 파트너의 문화를 배우고 이해하려 노력한다.	75	4.48	.665
사회적 전략	75	4.05	.464
간접전략(상위인지전략, 정의적 전략, 사회적 전략)	75	3.85	.346
전체학습전략(직접전략, 간접전략)	75	3.62	.286

〈표 19〉에서 보는 바와 같이 학습전략 요인별 기술통계를 살펴보면 기억전략이 3.28점으로 가장 낮게 나타났고, 인지전략이 3.45점, 보상전략이 3.43점으로 나타났으며 직접전략이 3.39점으로 나타났다.

상위인지전략은 3.70점으로 나타났고, 정의적 전략이 3.80점으로 나타났으며, 사회적 전략이 4.05점으로 가장 높게 나타났고, 간접전략이 3.85점으로 나타났으며, 전체 학습전략은 3.62점으로 나타났다.[55]

학습자들의 중국어 학습전략 사용수준이 아래 그림과 같이 나타낼 수 있다.

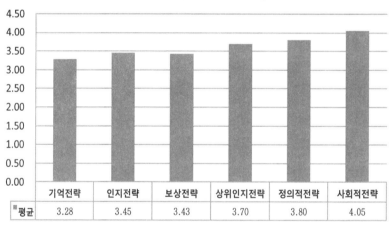

학습전략에 관한 설문 문항

	기억전략	인지전략	보상전략	상위인지전략	정의적전략	사회적전략
▪평균	3.28	3.45	3.43	3.70	3.80	4.05

〈그림 6〉 Tandem 수업 학습자의 학습전략 사용 수준

---

55) 외국어 학습전략에서 평균 점수에 대한 이해는 일반적으로 다음과 같다.

수준	사용정도	점수 분포
높음	항상 또는 거의 항상 사용됨	4.5~5.0
	대체로 사용됨	3.5~4.4
중간	가끔 사용됨	2.5~3.4
낮음	대체로 사용되지 않음	1.5~2.4
	전혀 또는 거의 전혀 사용되지 않음	1.0~1.4

2. 학습자 개인적 변인별 Tandem 학습능력에 대한 분석 결과

이 절에서는 학습자 개인적 변인에 따라 Tandem 학습능력이 차이가 있는지를 알아보기 위해 성별조합, 성격조합, 목표어 수준 조합, 이문화 이해 수준 조합을 독립변수로 하고, 학습자의 Tandem 학습능력인 자기주도 학습능력, 협동 학습능력을 종속변수로 설정하여 분석하였다. 또한 성별조합을 "동성조합"과 "이성조합"으로 나누고, 성격조합은 "동질조합"과 "이질조합"으로, 목표어 수준조합은 "수준차이 무"조합과 "수준차이 유"로, 이문화 이해 수준 역시 "수준차이 무"조합과 "수준차이 유"조합으로 구분하였다.

1) 성별 조합별 Tandem 학습능력 분석

┌─ **연구 가설 1-1** ─────────────────────
│ 학습자의 개인적 변인 중 성별 조합에 따라 Tandem 학습능력(자기주도 학습능력,
│ 협동 학습능력)은 유의미한 차이를 보이는가?

이 가설의 검증을 위해 Tandem 수업에 같이 참여하고 있는 한국인 중국어 학습자와 중국인 한국어 학습자의 성별조합을 동성조합과 이성조합, 두 개의 조합으로 나누고, Tandem 학습능력을 자기주도 학습능력과 협동 학습능력으로 나누어 성별조합에 따라 Tandem 학습능력이 차이가 있는지를 T-test를 통해 검증한 결과 다음 표와 같았다.

〈표 20〉 성별 조합에 따른 Tandem 학습능력 차이

Tandem 학습능력	성별 변인	N	평균	표준편차	t/F	유의확률
자기주도 학습능력	동성조합	45	114.67	11.972	.137	.892
	이성조합	30	114.27	13.091		
협동 학습능력	동성조합	45	41.31	3.999	1.403	.165
	이성조합	30	39.70	5.961		

〈표 20〉에서 보는 바와 같이 응답자의 일반적 사항 중 성별 조합에 따른 Tandem 학습능력(자기주도 학습능력, 협동 학습능력) 수준 차이에 대해 살펴보면 자기주도 학습능력은 한국인 중국어 학습자와 중국인 한국어 학습자가 동성조합인 경우가 114.67점, 한국인 중국어 학습자와 중국인 한국어 학습자가 이성조합인 경우는 114.27점으로 나타나 동성조합이 이성조합보다 자기주도 학습능력이 더 높은 것으로 나타났다. 이는 t=.137, p〉.05로 나타나 통계적으로 유의미한 차이를 보이지 않았다.

협동 학습능력 수준은 한국인 중국어 학습자와 중국인 한국어 학습자가 동성조합인 경우는 41.31점, 한국인 중국어 학습자와 중국인 한국어 학습자가 이성조합인 경우가 39.70점으로 나타나 동성조합이 이성조합보다 협동 학습능력이 더 높은 것으로 나타났다. 이는 t=1.403, p〉.05로 나타나 통계적으로 유의미한 차이를 보이지 않았다.

2) 성격 조합별 Tandem 학습능력 분석

┌─ 연구 가설 1-2 ─
학습자의 개인적 변인 중 성격 조합에 따라 Tandem 학습능력(자기주도 학습능력, 협동 학습능력)은 유의미한 차이를 보이는가?

이 가설의 검증을 위해 Tandem 수업에 같이 참여한 한국인 중국어 학습자와 중국인 한국어 학습자에 대한 설문조사와 면담을 통해 성격이 외향적인지 내향적인지를 파악하고 이를 토대로 성격이 비슷한 조합을 동질조합, 반면 성격이 다른 조합을 이질조합으로 분류하였다. 학습자의 성격조합에 따라 Tandem 학습능력이 차이가 있는지를 알아 보기 위해 역시 T-test를 통해 검증해 본 결과 다음 표와 같았다.

〈표 21〉 성격 조합에 따른 Tandem 학습능력 차이

Tandem 학습능력	성격 변인	N	평균	표준편차	t/F	유의확률
자기주도 학습능력	동질조합	46	117.46	10.670	2.716**	.008
	이질조합	29	109.83	13.523		
협동 학습능력	동질조합	46	41.13	4.824	1.032	.306
	이질조합	29	39.93	5.028		

**$p < .01$

〈표 21〉에서 보는 바와 같이 응답자의 일반적 사항 중 성격 조합에 따른 Tandem 학습능력(자기주도 학습능력, 협동 학습능력) 차이에 대해 살펴보면 자기주도 학습능력의 경우, 한국인 중국어 학습자와 중국인 한국어 학습자의 성격조합이 동질조합인 경우가 117.46점, 이질조합인 경우가 109.83점으로 나타나 한국인 중국어 학습자와 중국인 한국어 학습자의 성격조합이 동질조합인 경우가 이질조합인 경우보다 자기주도 학습능력 수준이 더 높은 것으로 나타났다. 이는 $t=2.716$, $p < .01$로 나타나 통계적으로 유의미한 차이를 보였다. ($p < .01$)

협동 학습능력 수준 차이에 대해 살펴보면 한국인 중국어 학습자와 중국인 한국어 학습자의 성격조합이 동질조합인 경우는 41.13점, 이질

조합인 경우가 39.93점으로 나타나 한국인 학습자와 중국인 학습자의 성격조합이 동질조합인 경우가 이질조합인 경우보다 자기주도 학습능력 수준이 더 높은 것으로 나타났다. 이는 t=1.032, p>.05로 나타나 통계적으로 유의미한 차이를 보이지 않았다.

3) 목표어 수준 조합별 Tandem 학습능력 분석

┌─ **연구 가설 1-3**
│ 학습자의 개인적 변인 중 목표어 수준 조합에 따라 Tandem 학습능력(자기주도 학습능력, 협동 학습능력)은 유의미한 차이를 보이는가?

이 가설의 검증을 위해 Tandem 수업에 참여한 한국인 중국어 학습자와 중국인 한국어 학습자의 조합을 목표어 수준의 척도로 두 학습자의 목표어 수준이 차이가 없는 조합은 "목표어 수준 차이 무"조합, 반면 목표어 수준이 차이 있는 조합은 "목표어 수준 차이 유"조합으로 나누었다. 목표어 수준의 분류 기준은 학기 초 목표어 숙달도를 측정하기 위해 실시한 작문 테스트와 면담, 학기 말 진행한 설문조사를 바탕으로, 한국인 중국어 학습자의 경우, 신HSK 기준 4급 이상 자격증을 취득한 학습자 혹은 테스트와 면담을 통해 이에 준한다고 판단되는 학습자의 경우 중국어 수준을 "상"으로 정하고, 그 외의 학습자는 "하"로 정하였다. 아울러 중국인 한국어 학습자의 경우, TOPIK 기준 4급 이상 자격증을 취득한 학습자 혹은 테스트와 면담을 통해 이에 준한다고 판단되는 학습자의 경우 한국어 수준을 "상"으로 정하고 나머지 학습자는 "하"로 정하였다. 이렇게 조합을 나누고 나서 목표어 수준 조합에 따라 Tandem 학습능력에 차이가 있는지를 알아보기 위해 T-test를 해 본 결과 다음 표와 같았다.

〈표 22〉 목표어 수준 조합에 따른 Tandem 학습능력 차이

Tandem 학습능력	목표어 수준 변인	N	평균	표준편차	t/F	유의 확률
자기주도 학습능력	수준차이 무	31	114.94	10.689	.251	.803
	수준차이 유	44	114.20	13.504		
협동 학습능력	수준차이 무	31	39.90	5.356	-1.133	.261
	수준차이 유	44	41.20	4.547		

〈표 22〉에서 보는 바와 같이 응답자의 일반적 사항 중 목표어 수준 조합에 따른 Tandem 학습능력(자기주도 학습능력, 협동 학습능력)차이에 대해 살펴보면 자기주도 학습능력 수준은 한국인 중국어 학습자와 중국인 한국어 학습자의 목표어 수준 차이가 없는 경우가 114.94점, 한국인 학습자와 중국인 학습자의 목표어 수준 차이가 있는 경우가 114.20점으로 나타나, 목표어 수준 차이가 없는 경우가 차이가 있는 경우보다 자기주도 학습능력 수준이 더 높은 것으로 나타났다. 이는 t=.251, p〉.05로 나타나 통계적으로 유의미한 차이를 보이지 않았다.

협동 학습능력 수준 차이에 대해 살펴보면 한국인 중국어 학습자와 중국인 한국어 학습자의 목표어 수준 차이가 없는 경우가 39.90점, 목표어 수준 차이가 있는 경우가 41.20점으로 나타나 한국인 학습자와 중국인 학습자의 목표어 수준 차이가 있는 경우가 수준 차이가 없는 경우보다 협동 학습능력 수준이 더 높은 것으로 나타났다. 이는 t=-1.133, p〉.05로 나타나 통계적으로 유의미한 차이를 보이지 않았다.

4) 이문화 이해 수준 조합별 Tandem 학습능력 분석

> ┌─ **연구 가설 1-4** ─
> 학습자의 개인적 변인 중 이문화 이해 수준 조합에 따라 Tandem 학습능력(자기주도 학습능력, 협동 학습능력)은 유의미한 차이를 보이는가?

이 가설을 검증하기 위해 학습자 개인적 변인을 이문화 이해 수준 기준으로, Tandem 수업에 참여한 한국인 중국어 학습자와 그의 파트너인 중국인 한국어 학습자를 면담과 설문조사를 통해 알아보고 이문화 이해 수준에 차이가 없으면 "이문화 이해 수준 차이 무", 이문화 이해 수준에 차이가 있으면 "이문화 이해 수준 차이 유"로 나누었다. 이문화 이해 수준의 평가 기준은 한국인 중국어 학습자와 중국인 한국어 학습자 모두 목표어국에서 체류경험이 1년 이상인 학습자를 이문화 이해 수준 "상"이라고 하고, 반면 그 이하인 경우 "하"라고 정하고, 이문화 이해 수준 조합에 따라 Tandem 학습능력에 차이가 있는지를 T-test로 검증해 본 결과 다음 표와 같았다.

<표 23> 이문화 이해 수준 조합에 따른 Tandem 학습능력 차이

Tandem 학습능력	이문화 이해 수준 변인	N	평균	표준편차	t/F	유의확률
자기주도 학습능력	수준차이 무	34	114.15	12.673	-.228	.820
	수준차이 유	41	114.80	12.217		
협동 학습능력	수준차이 무	34	41.44	4.781	1.250	.215
	수준차이 유	41	40.02	4.972		

<표 23>에서 보는 바와 같이 응답자의 일반적 사항 중 이문화 이해 수준 조합에 따른 Tandem 학습능력(자기주도 학습능력, 협동 학습능력) 차

이에 대해 살펴보면 자기주도 학습능력 수준은 한국인 중국어 학습자와 중국인 한국어 학습자의 이문화 이해 수준 차이가 없는 경우가 114.15점, 이문화 이해 수준 차이가 있는 경우가 114.80점으로 나타나 한국인 중국어 학습자와 중국인 한국어 학습자의 이문화 이해 수준 차이가 있는 경우가 수준 차이가 없는 경우보다 자기주도 학습능력 수준이 더 높은 것으로 나타났다. 이는 $t=-.228$, $p > .05$로 나타나 통계적으로 유의미한 차이를 보이지 않았다.

협동 학습능력 수준 차이에 대해 살펴보면 한국인 중국어 학습자와 중국인 한국어 학습자의 이문화 이해 수준 차이가 없는 경우가 41.44점, 이문화 이해 수준 차이가 있는 경우가 40.02점으로 나타나 이문화 이해 수준 차이가 없는 경우가 수준 차이가 있는 경우보다 협동 학습능력 수준이 더 높은 것으로 나타났다. 이는 $t=1.250$, $p > .05$로 나타나 통계적으로 유의미한 차이를 보이지 않았다.

5) 소결

학습자 개인적 변인에 따라 Tandem 학습능력이 차이가 있는지를 알아보기 위해 우선 학습자 개인적 변인을 성별조합(동성/이성), 성격조합(동질/이질), 목표어 수준 조합(수준 차이 무/유), 이문화 이해 수준 조합(수준차이 무/유) 등 4개 변인으로 구분하고 독립변수로 설정하였다.

아울러 Tandem 학습법에서 기본으로 되는 두 가지 원칙, 자기주도 원칙과 상호성 원칙을 지킬 수 있는 학습자의 능력을 자기주도 학습능력과 협동 학습능력이라고 보고 이를 Tandem 학습능력이라고 지칭하며 이를 종속변수로 설정하였다.

t-검증을 통해 분석 한 결과, 성격 조합에 따른 자기주도 학습능력의 경우, 한국인 중국어 학습자와 중국인 한국어 학습자의 성격조합이 동질조합인 경우가 117.46점, 이질조합인 경우가 109.83점으로 나타나 한국인 중국어 학습자와 중국인 한국어 학습자의 성격조합이 동질조합인 경우가 이질조합인 경우보다 자기주도 학습능력 수준이 더 높은 것으로 나타났다. 이는 t=2.716, p<.01로 나타나 통계적으로 유의미한 차이를 보였다. (p<.01)

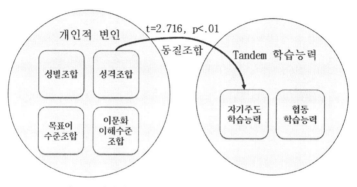

〈그림 7〉 개인적 변인에 따른 Tandem 학습능력 차이

반면, 기타 개인적 변인에 따른 Tandem 학습능력에는 통계적으로 유의미한 차이를 보이지 않았지만 성별 조합에 따른 Tandem 학습능력수준 차이에 대해 살펴보면, 자기주도 학습능력은 동성조합(114.67점)이 이성조합(114.27점)보다 평균적으로 더 높은 것으로 나타났다. 협동 학습능력 수준 역시 동성조합(41.31점)이 이성조합(39.70점)보다 평균적으로 더 높은 것으로 나타났다.

목표어 수준 조합에 따른 Tandem 학습능력 차이에 대해 살펴보면 자기주도 학습능력 수준은 "목표어 수준 차이 무"조합(114.94점)이 "목표어 수준 차이 유"조합(114.20점)보다 평균치가 더 높은 것으로 나타났지만, 협동 학습능력 수준 차이에서는 "목표어 수준 차이 유"조합(41.20)이 "목표어 수준 차이 무"조합(39.90점)보다 평균치가 더 높은 것으로 나타났다.

이문화 이해 수준 조합에 따른 Tandem 학습능력 차이에 대해 살펴보면 자기주도 학습능력 수준은 "이문화 이해 수준 차이 유"조합(114.80점)이 "이문화 이해 수준 차이 무"조합(114.15점)보다 평균치가 높은 것으로 나타났지만, 협동 학습능력 수준 차이에서는 "이문화 이해 수준 차이 무"조합(41.44점)이 "이문화 이해 수준 차이 유"조합(40.02)보다 평균치가 더 높은 것으로 나타났다.

3. 학습자 개인적 변인별 Tandem 학습 만족도에 대한 분석 결과

이 절에서는 학습자 개인적 변인에 따라 Tandem 학습 만족도가 차이가 있는지를 알아보기 위해 성별 조합, 성격 조합, 목표어 수준 조합, 이문화 이해 수준 조합을 독립변수로 하고 Tandem 학습법을 적용한 수업에 대한 학습자의 수업 만족도를 종속변수로 설정하여 분석하였다. 이때 성별조합을 "동성조합"과 "이성조합"으로 나누고, 성격조합은 "동질조합"과 "이질조합"으로 나누며, 목표어 수준조합을 "수준차이 유"조합과 "수준차이 무"로, 이문화 이해 수준 역시 "수준차이 유"조합과 "수준차이 무" 조합으로 구분하였다.

1) 성별 조합별 Tandem 학습 만족도 분석

> **연구 가설 2-1**
>
> 학습자의 개인적 변인 중 성별 조합에 따라 Tandem 학습 만족도는 유의미한 차이를 보이는가?

이 가설의 검증을 위해 Tandem 수업에 참여한 학습자의 개인적 변인을 성별 기준으로 한국인 중국어 학습자와 파트너인 중국인 한국어 학습자의 성별이 같으면 '동성조합', 성별이 다르면 '이성조합'으로 구분하여 조합에 따라 Tandem 학습 만족도에 차이가 있는지를 T-test 분석방법으로 알아보았다.

〈표 24〉 성별 조합에 따른 Tandem 학습 만족도 차이

개인적 변인	구분	N	평균	표준편차	t/F	유의확률
성별 조합	동성조합	45	12.09	1.769	.323	.748
	이성조합	30	11.93	2.406		

〈표 24〉에서 보는 바와 같이 응답자의 일반적 사항 중 성별 조합에 따른 Tandem 학습 만족도 수준 차이에 대해 살펴보면 한국인 중국어 학습자와 중국인 한국어 학습자의 성별이 동성조합인 경우가 12.09점, 이성조합인 경우가 11.93점으로 나타나 동성조합이 이성조합보다 Tandem 수업 만족도가 더 높은 것으로 나타났다. 이는 t=.323, p〉.05로 나타나 통계적으로 유의미한 차이를 보이지 않았다.

2) 성격 조합별 Tandem 학습 만족도 분석

┌─ **연구 가설 2-2**
학습자의 개인적 변인 중 성격 조합에 따라 Tandem 학습 만족도는 유의미한 차이를
보이는가?

　이 가설의 검증을 위해 Tandem 수업에 참여한 학습자들의 개인적
변인을 성격 기준으로 한국인 중국어 학습자와 파트너인 중국인 한국어
학습자의 성격이 비슷하면 '동질조합', 성격이 다르면 '이질조합'으로 나
누어 성격 조합에 따라 Tandem 학습 만족도에 차이가 있는지를 T-test
분석방법으로 알아보았다. 학습자의 성격 유형은 학기초 실시한 면담과
설문조사를 통해 "외향성"과 "내향성"으로 구분하였다.

〈표 25〉 성격 조합에 따른 Tandem 학습 만족도 차이

개인적 변인	구분	N	평균	표준편차	t/F	유의확률
성격 조합	동질조합	46	12.46	1.735	2.377*	.020
	이질조합	29	11.34	2.303		

*p<.05

　〈표 25〉에서 보는 바와 같이 응답자의 일반적 사항 중 성격 조합에
따른 Tandem 학습 만족도 차이에 대해 살펴보면 한국인 중국어 학습자
와 중국인 한국어 학습자의 성격이 동질조합인 경우 평균이 12.46점,
이질조합인 경우가 11.34점으로 나타났다. 이는 한국인 중국어 학습자
와 중국인 한국어 학습자의 성격이 동질조합인 경우가 이질조합인 경우
보다 Tandem 학습 만족도가 더 높은 것으로 나타났다. 이는 t=2.377,
p<.05로 나타나 통계적으로 유의미한 차이를 보였다. (p<.05)

3) 목표어 수준 조합별 Tandem 학습 만족도 분석

┌─ **연구 가설 2-3** ─────────────────────────────────
학습자의 개인적 변인 중 목표어 수준 조합에 따라 Tandem 수업 만족도는 유의미한
차이를 보이는가?
└──

이 가설의 검증을 위하여 Tandem 수업에 참여한 학습자들의 개인적
변인을 목표어 수준 기준으로 한국인 중국어 학습자와 파트너인 중국인
한국어 학습자의 목표어 수준이 비슷하면 "수준차이 무"조합, 목표어 수
준 차이가 있으면 "수준차이 유"조합으로 구분하여 목표어 수준 조합에
따라 Tandem 학습 만족도에 차이가 있는지를 T-test 분석방법으로 알아
보았다. 목표어 수준의 분류 기준은 학기 초 목표어 숙달도를 측정하기
위해 실시한 작문 테스트와 면담, 학기 말 진행한 설문조사를 바탕으로,
한국인 중국어 학습자의 경우, 신HSK 기준 4급이상 자격증을 취득한
학습자 혹은 테스트와 면담을 통해 이에 준한다고 판단되는 학습자의
경우 중국어 수준을 "상"으로 정하고, 그 외의 학습자는 "하"로 정하였
다. 아울러 중국인 한국어 학습자의 경우, TOPIK 기준 4급이상 자격증
을 취득한 학습자 혹은 테스트와 면담을 통해 이에 준한다고 판단되는
학습자의 경우 한국어 수준을 "상"으로 정하고 나머지 학습자는 "하"로
정하였다

〈표 26〉 목표어 수준 조합에 따른 Tandem 학습 만족도 차이

개인적 변인	구분	N	평균	표준편차	t/F	유의확률
목표어 수준 조합	수준차이 무	31	11.45	2.278	-2.103*	.039
	수준차이 유	44	12.43	1.757		

*p<.05

〈표 26〉에서 보는 바와 같이 응답자의 일반적 사항 중 목표어 수준 조합에 따른 Tandem 학습 만족도 차이에 대해 살펴보면 한국인 중국어 학습자와 중국인 한국어 학습자의 목표어 수준 차이가 없는 경우가 11.45점, 수준 차이가 있는 경우가 12.43점으로 나타나 목표어 수준 차이가 있는 경우가 수준 차이가 없는 경우보다 Tandem 학습 만족도가 더 높은 것으로 나타났다. 이는 t=-2.103, p<.05로 나타나 통계적으로 유의미한 차이를 보였다. (p<.05)

4) 이문화 이해 수준 조합별 Tandem 학습 만족도 분석

┌─ **연구 가설 2-4** ──────────────────────────────
학습자의 개인적 변인 중 이문화 이해 수준 조합에 따라 Tandem 학습 만족도는 유의미한 차이를 보이는가?

이 가설을 검증하기 위해 Tandem 수업에 참여한 학습자들의 개인적 변인을 이문화 이해 수준을 기준으로 두 개 조합으로 나누었다. 즉 한국인 중국어 학습자와 그의 파트너인 중국인 한국어 학습자의 이문화 이해 수준을 면담과 설문조사를 통해 알아보고, 이문화 이해 수준에 차이가 없으면 "이문화 이해 수준 차이 무", 반면 이문화 이해 수준에 차이가 있으면 "이문화 이해 수준 차이 유"로 나누었다. 이문화 이해 수준의 평가 기준은 한국인 중국어 학습자와 중국인 한국어 학습자 모두 목표어국에서 체류경험이 1년 이상인 학습자를 이문화 이해 수준 "상"이라고 하고, 반면 그 이하인 경우 "하"라고 정하고, 이문화 이해 수준 조합에 따라 Tandem 학습 만족도에 차이가 있는지를 T-test로 검증해 본 결과 다음 표와 같았다.

〈표 27〉 이문화 이해 수준 조합에 따른 Tandem 학습 만족도 차이

개인적 변인	구분	N	평균	표준편차	t/F	유의확률
이문화 이해 수준 조합	수준차이 무	34	12.50	1.674	1.866	.066
	수준차이 유	41	11.63	2.233		

〈표 27〉에서 보는 바와 같이 응답자의 일반적 사항 중 이문화 이해 수준 조합에 따른 Tandem 학습 만족도 차이에 대해 살펴보면 한국인 중국어 학습자와 중국인 한국어 학습자의 이문화 이해 수준 차이가 없는 경우가 12.50점, 수준 차이가 있는 경우가 11.63점으로 나타나 이문화 이해 수준 차이가 없는 경우가 수준 차이가 있는 경우보다 Tandem 수업 만족도가 더 높은 것으로 나타났다. 이는 t=1.866, p〉.05로 나타나 통계적으로 유의미한 차이를 보이지 않았다.

5) 소결

학습자 개인적 변인에 따라 Tandem 학습 만족도에 차이가 있는지를 알아보기 위하여 학습자 개인적 변인을 성별조합(동성/이성), 성격조합 (동질/이질), 목표어 수준 조합(수준 차이 무/유), 이문화 이해 수준 조합(수준차이 무/유) 등 4개 변인으로 구분해 독립변수로 설정하였고 아울러 Tandem 학습 만족도를 종속변수로 설정하였다.

분석결과, 성격조합에 따른 Tandem 학습 만족도는 한국인 중국어 학습자와 중국인 한국어 학습자의 성격이 동질조합인 경우가 12.46점, 이질조합인 경우가 11.34점으로 나타났다. 이는 두 학습자의 성격이 동질조합인 경우가 이질조합인 경우보다 Tandem 학습 만족도가 더 높은 것으로 나타났다. 이는 t=2.377, p〈.05로 나타나 통계적으로 유의미한

차이를 보였다. (p<.05)

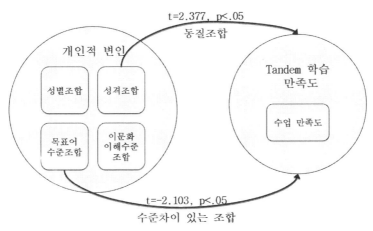

〈그림 8〉 개인적 변인에 따른 Tandem 학습 만족도 차이

또한 목표어 수준 조합에 따른 Tandem 학습 만족도는 한국인 중국어
학습자와 중국인 한국어 학습자의 목표어 수준 차이가 없는 경우가
11.45점, 수준 차이가 있는 경우가 12.43점으로 나타나 목표어 수준 차
이가 있는 경우가 수준 차이가 없는 경우보다 Tandem 학습 만족도가
더 높은 것으로 나타났다. 이는 t=-2.103, p<.05로 나타나 통계적으로
유의미한 차이를 보였다. (p<.05)

반면, 기타 개인적 변인인 성별조합과 이문화 이해 수준 조합에 따른
Tandem 학습 만족도에는 통계적으로 유의미한 차이를 보이지 않았지
만 성별 조합에 따른 Tandem 학습 만족도에 대해 살펴보면, 동성조합
(12.09점)이 이성조합(11.93점)보다 평균치가 더 높은 것으로 나타났다.

이문화 이해 수준 조합에 따른 Tandem 학습 만족도에서는 "이문화
이해 수준 차이 무"조합(12.50점)이 "이문화 이해 수준 차이 유"조합(11.63
점)보다 평균치가 높은 것으로 나타났다.

4. 학습자 정의적 변인별 Tandem 학습 만족도에 대한 분석 결과

이 절에서는 학습자 정의적 변인(Tandem 학습능력)과 Tandem 학습 만족도(수업 만족도)의 상관관계를 알아보고, Tandem 학습능력인 자기주도 학습능력과 협동 학습능력이 Tandem 학습 만족도에 미치는 영향을 분석하였다.

1) 학습자 정의적 변인과 Tandem 학습 만족도 간의 상관관계 분석

┌─ 연구 가설 3-1 ─
학습자의 정의적 변인은 Tandem 학습 만족도와 정(+)의 상관관계를 보이는가?

중국어 학습자가 원어민과 함께 하는 Tandem 수업에서 앞 절에서 검증해 본 학습자의 Tandem 학습능력이 수업 만족도와 어떤 상관관계를 가지는가를 보기 위해 Tandem 학습능력 즉 자기주도 학습능력과 협동 학습능력을 학습자의 정의적 변인으로 설정하고 수업 만족도와 관계를 상관분석방법으로 알아보았다.

〈표 28〉 자기주도 학습능력, 협동 학습능력, 수업 만족도 상관관계

	자기주도 학습능력	협동 학습능력	수업 만족도
자기주도 학습능력	1		
협동 학습능력	.445(**)	1	
Tandem 수업 만족도	.346(**)	.643(**)	1

**p<.01

〈표 28〉에서 보는 바와 같이 학습자 정의적 변인인 자기주도 학습능력과 협동 학습능력이 Tandem 학습 만족도와의 상관관계를 살펴보면, 자기주도 학습능력과 협동 학습능력과는 r=.445(p<.01)의 정(+)적인 상관관계를 보였다. 즉 자기주도 학습능력이 높을수록 협동 학습능력도 높아짐을 알 수 있다. 또한 자기주도 학습능력과 Tandem 학습 만족도와는 r=.346 (p<.01)의 정(+)적인 상관관계를 보였다. 즉 자기주도 학습능력이 높을수록 Tandem 수업 만족도가 높아짐을 알 수 있다. 협동 학습능력과 Tandem 학습 만족도의 상관관계를 살펴보면, 협동 학습능력과 Tandem 학습 만족도와는 r=.643 (p<.01)의 정(+)적인 상관관계를 보였는데 이는 협동 학습능력이 높을수록 Tandem 학습 만족도가 높아짐을 알 수 있다.

2) 학습자 정의적 변인별 Tandem 학습 만족도 분석

> **연구 가설 3-2**
>
> 학습자 정의적 변인(Tandem 학습능력)은 Tandem 학습 만족도에 영향을 미치는가?

중국어 Tandem 수업에서 학습자 정의적 변인과 학습 만족도가 정(+)적인 상관간계를 토대로 학습자 정의적 변인인 Tandem 학습능력이 학습 만족도에 영향을 미치는가를 알아보기 위하여 학습자 정의적 변인을 독립변수로 설정하고 Tandem 학습 만족도를 종속변수로 설정하여 회귀분석방법으로 가설을 검증하였고, 아울러 자기주도 학습능력, 협동 학습능력이 각각 Tandem 학습 만족도에 어떠한 영향을 미치는지도 알아보았다.

〈표 29〉 학습자 정의적 변인이 Tandem 학습 만족도에 미치는 영향

	비표준화 계수		표준화 계수	t	유의 확률	F	유의 확률	R^2
	B	표준오차	β					
(상수)	.338	1.905		.177	.860			
자기주도 학습능력	.012	.017	.075	.744	.459	25.860***	.000	.418
협동 학습능력	.253	.042	.610	6.074***	.000			

***p〈.001

〈표 29〉에서 보는 바와 같이 자기주도 학습능력, 협동 학습능력이 Tandem 학습 만족도에 미치는 영향에 대해 살펴보면 설명력(R^2)은 총 분산의 41.8%를 설명하고 있으며 F값은 25.860으로 유의수준 p〈.001에서 통계적으로 유의한 것으로 나타났다.

또한 협동 학습능력(β=.610, p〈.001)은 Tandem 수업 만족도에 정(+)적인 영향을 미치는 것으로 나타났다. 즉 협동 학습능력이 높을수록 Tandem 수업 만족도가 높아짐을 알 수 있다.

3) 소결

학습자 정의적 변인인 Tandem 학습능력(자기주도 학습능력, 협동 학습능력)과 Tandem 학습 만족도 간의 관계를 알아보기 위해 상관관계 분석을 하였고, 이를 토대로 학습자 정의적 변인을 독립변수로, Tandem 학습 만족도를 종속변수로 설정하여 회귀분석을 통해 독립변수가 종속변수에 영향을 미치는가를 알아보았다.

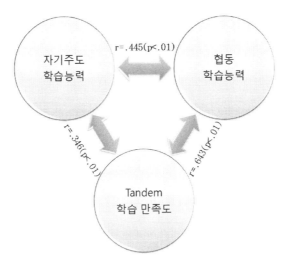

〈그림 9〉 자기주도 학습능력, 협동 학습능력, Tandem 학습 만족도 간의 상관관계

　상관관계 분석결과, 자기주도 학습능력과 협동 학습능력 간의 정(+)인 상관관계를 보였고, 상관계수의 값은 r=.445(p<.01)이다. 또한 자기주도 학습능력, 협동 학습능력, Tandem 학습 만족도 모두 정(+)적인 상관관계를 보였고, 상관계수의 값은 각각 r=.346(p<.01), r=.643(p<.01)으로 나타났다.

　회귀분석 결과, 정의적 변인이 Tandem 학습 만족도에 대한 설명력(R^2)은 총분산의 41.8%를 설명하고 있으며 F값은 25.860로 유의수준 p<.001 수준에서 통계적으로 유의한 것으로 나타났다. 또한 협동 학습능력(β=.610, p<.001)은 Tandem 수업 만족도에 정(+)적인 영향을 미치는 것으로 나타났다. 즉 협동 학습능력이 높을수록 Tandem 수업 만족도가 높아지는 결과를 얻었다.

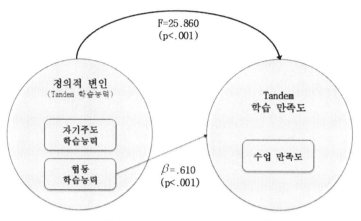

〈그림 10〉 정의적 변인이 Tandem 학습 만족도에 미치는 영향

5. 학습자 정의적 변인과 중국어 학습전략에 대한 분석 결과

　이 절에서 학습자의 정의적 변인(Tandem 학습능력)과 중국어 학습전략 간에 상관관계를 알아보고, 학습자 정의적 능력이 학습전략에 미치는 영향과 Tandem 학습 만족도에 따라 학습전략에 차이가 있는지도 알아보고자 한다.

1) 학습자 정의적 변인과 학습전략의 상관관계 분석

┌─ **연구 가설 4-1** ─────────────────────────────┐
학습자의 정의적 변인, Tandem 학습 만족도와 학습전략 간에 상관관계를 보이는가?

이 가설의 검증을 위해 Tandem 수업에 참여한 한국인 중국어 학습자의 Tandem 학습능력, 수업 만족도, 학습전략을 세 변인으로 설정하고 이들 간의 상관관계를 상관분석방법으로 알아보았다. 여기서 학습전략은 Oxford의 학습전략 분류체계에 따라 두 개의 큰 부류, 즉 직접전략과 간접전략, 6개의 하위 유형, 즉 기억전략, 인지전략, 보상전략, 상위인지전략, 정의적 전략, 사회적 전략으로 구분하여 분석하였다.

⟨표 30⟩ 학습자 정의적 변인과 학습전략 간의 상관관계

구분	자기주도 학습능력	협동 학습능력
기억전략	.370(**)	.228(*)
인지전략	.171	.132
보상전략	.243(*)	.349(**)
직접전략	.375(**)	.332(**)
상위인지전략	.319(**)	.263(*)
정의적 전략	.458(**)	.289(*)
사회적 전략	.267(*)	.258(*)
간접전략	.478(**)	.373(**)
전체학습전략	.521(**)	.431(**)

*p⟨.05, **p⟨.01

⟨표 30⟩에서 보는 바와 같이 자기주도 학습능력과 학습전략 간의 상관관계를 살펴보면, 자기주도 학습능력과 전체학습전략과는 r=.521 (p⟨.01)의 정(+)적인 상관관계를 보였고, 직접전략과 r=.375(p⟨.01)의 정(+)적인 상관관계를 보였으며, 간접전략과 r=.478(p⟨.01)의 정(+)적인 상관관계를 보였다. 즉 자기주도 학습능력이 높을수록 학습전략 사용이 높아짐을 알 수 있다.

　자기주도 학습능력과 하위 전략별 상관관계를 살펴보면, 기억전략과 r=.370(p<.01)의 정(+)적인 상관관계를 보였고, 보상전략과 r=.243(p<.05)의 정(+)적인 상관관계를 보였다. 그리고 상위인지전략과 r=.319(p<.01)의 정(+)적인 상관관계를 보였고, 정의적 전략과 r=.458(p<.01)의 정(+)적인 상관관계를 보였으며, 사회적 전략과 r=.267(p<.05)의 정(+)적인 상관관계를 보였다. 즉 자기주도 학습능력이 높을수록 기억전략, 보상전략, 상위인지전략, 정의적 전략, 사회적 전략 사용이 높아짐을 알 수 있다. 그러나 인지전략과는 유의미한 상관관계를 보이지 않았다.

　협동 학습능력과 전체학습전략과는 r=.431(p<.01)의 정(+)적인 상관관계를 보였고, 직접전략과 r=.332(p<.01)의 정(+)적인 상관관계를 보였으며, 간접전략과 r=.373(p<.01)의 정(+)적인 상관관계를 보였다. 즉 협동 학습능력이 높을수록 학습전략 사용이 높아짐을 알 수 있다.

　협동 학습능력과 하위 전략별 상관관계를 보면, 기억전략과 r=.228 (p<.01)의 정(+)적인 상관관계를 보였고, 보상전략과 r=.349(p<.01)의 정(+)적인 상관관계를 보였다. 그리고 상위인지전략과 r=.263(p<.05)의 정(+)적인 상관관계를 보였고, 정의적 전략과 r=.289(p<.05)의 정(+)적인 상관관계를 보였으며, 사회적 전략과 r=.258(p<.05)의 정(+)적인 상관관계를 보였다. 즉 협동 학습능력이 높을수록 기억전략, 보상전략, 상위인지전략, 정의적 전략, 사회적 전략의 사용이 높아짐을 알 수 있다. 하지만 협동 학습전략 역시 인지전략과 유의미한 상관관계를 보이지 않았다.

2) 학습자 정의적 변인이 중국어 학습전략에 대한 영향 분석

┌─ **연구 가설 4-2** ─────────────────────────────────┐
학습자 정의적 변인이 중국어 학습전략 사용에 영향을 미치는가?
└───┘

중국어 Tandem 수업에 참여한 한국인 중국어 학습자의 학습전략 사용 현황을 알아보기 위해 중국어 학습자의 Tandem 학습능력을 독립변수로 설정하고 학습자들이 사용하는 학습전략을 종속변수로 설정하여 학습자의 Tandem 학습능력이 학습전략 사용에 미치는 영향을 회귀분석방법으로 알아보았다. Tandem 학습능력은 자기주도 학습능력과 협동 학습능력으로 세분화하였고, 학습전략은 전체 학습전략, 직접전략, 간접전략, 하위 6개의 학습전략으로 나누어 정의적 변인이 각 학습전략에 미치는 영향을 통계적으로 알아보았다.

〈표 31〉 학습자 정의적 변인이 전체 학습전략에 미치는 영향

	비표준화 계수		표준화 계수	t	유의확률	F	유의확률	R^2
	B	표준오차	β					
(상수)	1.940	.289		6.706	.000			
자기주도 학습능력	.010	.003	.411	3.791***	.000	17.034***	.000	.321
협동 학습능력	.014	.006	.248	2.286*	.025			

*p〈.05,***p〈.001

〈표 31〉에서 보는 바와 같이 자기주도 학습능력, 협동능력이 학습전략에 미치는 영향에 대해 살펴보면 설명력(R^2)은 총분산의 32.1%를 설명하고 있으며 F값은 17.034로 유의수준 p〈.001 수준에서 통계적으로 유의한 것으로 나타났다.

또한 자기주도 학습능력(β=.411, p〈.001)은 학습전략에 정(+)적인 영향을 미치는 것으로 나타났다.

즉 자기주도 학습능력이 높을수록 학습전략이 사용이 높아짐을 알
수 있다.

또한 협동 학습능력(β=.248, p<.05)도 학습전략에 정(+)적인 영향을 미
치는 것으로 나타났다.

즉 협동 학습능력이 높을수록 학습전략 사용이 높아짐을 알 수 있다.

〈표 32〉 학습자 정의적 변인이 기억전략에 미치는 영향

	비표준화 계수		표준화 계수	t	유의 확률	F	유의 확률	R^2
	B	표준오차	β					
(상수)	1.319	.594		2.220	.030			
자기주도 학습능력	.014	.005	.335	2.745**	.008	5.955**	.004	.142
협동 학습능력	.008	.013	.079	.651	.517			

**p<.01

〈표 32〉에서 보는 바와 같이 자기주도 학습능력, 협동 학습능력이 기
억전략에 미치는 영향에 대해 살펴보면 설명력(R^2)은 총분산의 14.2%를
설명하고 있으며 F값은 5.955로 유의수준 p<.01 수준에서 통계적으로
유의한 것으로 나타났다.

또한 자기주도 학습능력(β=.335, p<.01)은 기억전략에 정(+)적인 영향
을 미치는 것으로 나타났다. 즉 자기주도 학습능력이 높을수록 기억전
략이 높아짐을 알 수 있다.

〈표 33〉 학습자 정의적 변인이 인지전략에 미치는 영향

	비표준화 계수		표준화 계수	t	유의 확률	F	유의 확률	R^2
	B	표준오차	β					
(상수)	2.438	.648		3.760	.000			
자기주도 학습능력	.006	.006	.140	1.082	.283	1.234	.297	.033
협동 학습능력	.008	.014	.070	.539	.592			

〈표 33〉에서 보는 바와 같이 자기주도 학습능력, 협동능력이 인지전략에 미치는 영향에 대해 살펴보면 설명력(R^2)은 총분산의 3.3%를 설명하고 있으며 F값은 1.234로 유의수준 p〉.05 수준에서 통계적으로 유의하지 않은 것으로 나타났다.

따라서 자기주도 학습능력, 협동 학습능력이 인지전략에는 영향을 미치지 않는 것으로 나타났다.

〈표 34〉 학습자 정의적 변인이 보상전략에 미치는 영향

	비표준화 계수		표준화 계수	t	유의 확률	F	유의 확률	R^2
	B	표준오차	β					
(상수)	1.806	.531		3.402	.001			
자기주도 학습능력	.004	.005	.109	.891	.376	5.451**	.006	.132
협동 학습능력	.028	.012	.301	2.451*	.017			

*p〈.05, **p〈.01

〈표 34〉에서 보는 바와 같이 자기주도 학습능력, 협동 학습능력이 보상전략에 미치는 영향에 대해 살펴보면 설명력(R^2)은 총분산의 13.2%를 설명하고 있으며 F값은 5.451로 유의수준 p〈.01 수준에서 통계적으로 유의한 것으로 나타났다.

협동 학습능력(β=.301, p〈.05)은 보상전략에 정(+)적인 영향을 미치는 것으로 나타났다. 즉 협동 학습능력이 높을수록 보상전략이 높아짐을 알 수 있다.

〈표 35〉 학습자 정의적 변인이 직접전략에 미치는 영향

	비표준화 계수		표준화 계수	t	유의확률	F	유의확률	R^2
	B	표준오차	β					
(상수)	1.854	.395		4.694	.000			
자기주도 학습능력	.008	.003	.283	2.366*	.021	7.592***	.001	.174
협동 학습능력	.015	.009	.206	1.719	.090			

*p〈.05, ***p〈.001

〈표 35〉에서 보는 바와 같이 자기주도 학습능력, 협동능력이 직접전략에 미치는 영향에 대해 살펴보면 설명력(R^2)은 총분산의 17.4%를 설명하고 있으며 F값은 7.592로 유의수준 p〈.001 수준에서 통계적으로 유의한 것으로 나타났다.

또한 자기주도 학습능력(β=.283, p〈.05)은 직접전략에 정(+)적인 영향을 미치는 것으로 나타났다.

즉 자기주도 학습능력이 높을수록 직접전략이 높아짐을 알 수 있다.

〈표 36〉 학습자 정의적 변인이 상위인지전략에 미치는 영향

	비표준화 계수		표준화 계수	t	유의 확률	F	유의 확률	R^2
	B	표준오차	β					
(상수)	1.818	.604		3.008	.004			
자기주도 학습능력	.011	.005	.252	2.040*	.045	4.912**	.010	.120
협동 학습능력	.016	.013	.151	1.222	.226			

*p<.05, **p<.01

〈표 36〉에서 보는 바와 같이 자기주도 학습능력, 협동 학습능력이 상위인지전략에 미치는 영향에 대해 살펴보면 설명력(R^2)은 총분산의 12.0%를 설명하고 있으며 F값은 4.912로 유의수준 p<.01 수준에서 통계적으로 유의한 것으로 나타났다.

또한 자기주도 학습능력(β=.252, p<.05)은 상위인지전략에 정(+)적인 영향을 미치는 것으로 나타났다. 즉 자기주도 학습능력이 높을수록 상위인지전략이 높아짐을 알 수 있다.

〈표 37〉 학습자 정의적 변인이 정의적 전략에 미치는 영향

	비표준화 계수		표준화 계수	t	유의 확률	F	유의 확률	R^2
	B	표준오차	β					
(상수)	1.696	.487		3.485	.001			
자기주도 학습능력	.015	.004	.411	3.538***	.001	10.100***	.000	.219
협동 학습능력	.010	.011	.106	.908	.367			

***p<.001

〈표 37〉에서 보는 바와 같이 자기주도 학습능력, 협동능력이 정의적 전략에 미치는 영향에 대해 살펴보면 설명력(R^2)은 총분산의 21.9%를 설명하고 있으며 F값은 10.100로 유의수준 p<.05 수준에서 통계적으로 유의한 것으로 나타났다.

자기주도 학습능력(β=.411, p<.001)은 정의적 전략에 정(+)적인 영향을 미치는 것으로 나타났다. 즉 자기주도 학습능력이 높을수록 정서적 전략이 높아짐을 알 수 있다.

〈표 38〉 학습자 정의적 변인이 사회적 전략에 미치는 영향

	비표준화 계수		표준화 계수	t	유의 확률	F	유의 확률	R^2
	B	표준오차	β					
(상수)	2.566	.542		4.734	.000			
자기주도 학습능력	.007	.005	.190	1.518	.133	3.804*	.027	.096
협동 학습능력	.016	.012	.174	1.386	.170			

*p<.05

〈표 38〉에서 보는 바와 같이 자기주도 학습능력, 협동능력이 사회적 전략에 미치는 영향에 대해 살펴보면 설명력(R^2)은 총분산의 9.6%를 설명하고 있으며 F값은 3.804로 유의수준 p<.05 수준에서 통계적으로 유의한 차이를 보였다.

하지만 자기주도 학습능력, 협동 학습능력이 사회적 전략에 미치는 영향에 있어 유의확률이 .05보다 크게 나타나 영향을 미치지 않는 것으로 나타났다.

<표 39> 학습자 정의적 변인이 간접전략에 미치는 영향

	비표준화 계수		표준화 계수	t	유의 확률	F	유의 확률	R^2
	B	표준오차	β					
(상수)	2.026	.366		5.538	.000			
자기주도 학습능력	.011	.003	.389	3.441***	.001	12.674***	.000	.260
협동 학습능력	.014	.008	.199	1.760	.083			

***p<.001

<표 39>에서 보는 바와 같이 자기주도 학습능력, 협동 학습능력이 간접전략에 미치는 영향에 대해 살펴보면 설명력(R^2)은 총분산의 26.0%를 설명하고 있으며 F값은 12.674로 유의수준 p<.01 수준에서 통계적으로 유의한 것으로 나타났다.

또한 자기주도 학습능력(β=.389, p<.001)은 간접전략에 정(+)적인 영향을 미치는 것으로 나타났다. 즉 자기주도 학습능력이 높을수록 간접전략이 높아짐을 알 수 있다.

3) 소결

Tandem 학습법을 활용한 중국어 수업에서 학습자들의 Tandem 학습능력을 정의적 변인으로 설정하고, 자기주도 학습능력과 협동 학습능력, 학습전략 간의 관계를 파악하기 위하여 먼저 상관관계를 분석하였고, 이를 바탕으로 자기주도 학습능력과 협동 학습능력을 독립변수로 설정하고 학습전략을 종속변수로 설정하여 회귀분석을 통해 정의적 변인이 학습전략에 대한 영향이 어떠한가를 알아보았다.

상관관계 분석 결과, 학습자 정의적 변인(자기주도 학습능력, 협동 학습능력)은 전체 학습전략과 정(+)적인 상관관계를 나타냈다. 즉 학습자의 Tandem 학습능력이 높을수록 전체 학습전략의 사용이 높아짐을 알 수 있다.

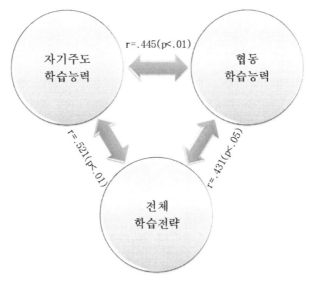

〈그림 11〉 학습자 정의적 변인과 전체 학습전략 간의 상관관계

또한 〈그림 12〉에서 알 수 있듯이 정의적 변인(자기주도 학습능력, 협동 학습능력), 직접전략, 간접전략 간의 상관관계 역시 정(+)적인 상관관계로 나타났다. 즉 학습자의 Tandem 학습능력이 높을수록 직접전략과 간접전략의 사용이 높아짐을 알 수 있다.

학습자 정의적 변인 중 자기주도 학습능력과 하위 학습전략 간의 상관관계를 살펴보면, 인지전략을 제외한 모든 학습전략과 정(+)적인 상관관계를 보이고 있다. 즉 자기주도 학습능력이 높을수록 인지전략을 제

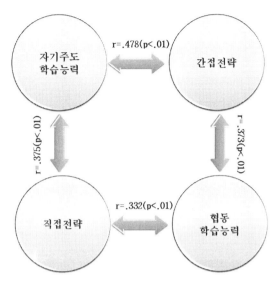

〈그림 12〉 학습자 정의적 변인, 직접전략, 간접전략 간의 상관관계

외한 기타 학습전략의 사용이 높아짐을 알 수 있다. 이를 도식화하면 다음과 같다.

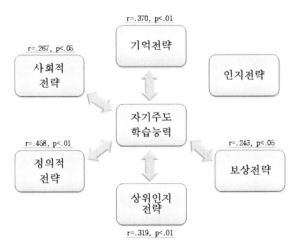

〈그림 13〉 자기주도 학습능력과 하위 학습전략 간의 상관관계

　학습자 정의적 변인 중 협동 학습능력과 하위 학습전략 간의 상관관계를 살펴보면, 역시 인지전략을 제외한 모든 하위전략과 정(+)적인 상관관계를 보이고 있다. 즉 협동 학습능력이 높을수록 인지전략을 제외한 모든 하위 전략의 사용이 높아짐을 알 수 있는데 이를 도식화하면 다음과 같다.

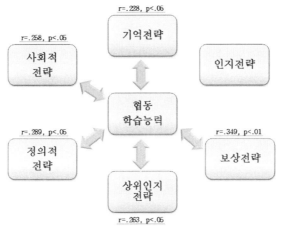

〈그림 14〉 협동 학습능력과 하위 학습전략 간의 상관관계

　학습자의 정의적 변인이 전체 학습전략에 미치는 영향을 회귀분석으로 알아 본 결과, 학습자 정의적 변인이 전체 학습전략에 정(+)적인 영향을 미치는 것으로 나타났다. 즉 학습자의 Tandem 학습능력이 높을수록 전체 학습전략의 사용이 높아짐을 알 수 있다. 즉 자기주도 학습능력(β=.411, p<.001)은 학습전략에 정(+)적인 영향을 미치는 것으로 나타나 자기주도 학습능력이 높을수록 학습전략이 사용이 높아짐을 알 수 있다. 또한 협동 학습능력(β=.248, p<.05)도 학습전략에 정(+)적인 영향을 미치는 것으로 나타났다. 즉 협동 학습능력이 높을수록 학습전략 사용이 높아짐을 알 수 있는데 이를 도식화하면 〈그림 15〉와 같다.

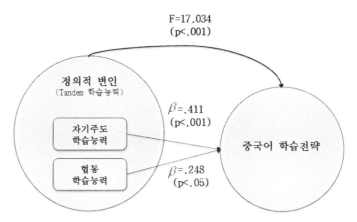

〈그림 15〉 학습자 정의적 변인이 전체 학습전략에 미치는 영향

또한 학습자 정의적 변인인 Tandem 학습능력이 직접전략과 간접전략에 정(+)적인 영향을 미치는 것으로 나타났고, Tandem 학습능력 중 자기주도 학습능력(β=.283, p<.05)은 직접전략에 정(+)적인 영향을 미치는 것으

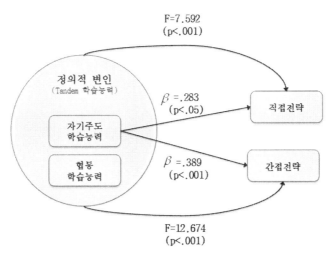

〈그림 16〉 정의적 변인이 직접전략과 간접전략에 미치는 영향

로 나타났다. 즉 자기주도 학습능력이 높을수록 직접전략이 높아짐을 알 수 있다. 정의적 변인 중 자기주도 학습능력(β=.389, p<.001)은 간접전략 에도 정(+)적인 영향을 미치는 것으로 나타났다. 즉 자기주도 학습능력이 높을수록 간접전략의 사용이 높아짐을 알 수 있는데 이를 도식화하면 〈그림 16〉과 같다.

　하위 학습전략별 경우를 살펴보면, 학습자 정의적 변인은 인지전략을 제외한 모든 하위 학습전략에 정(+)적인 영향을 미치는 것으로 나타났 다. 즉 학습자의 Tandem 학습능력이 높을수록 인지전략을 제외한 모든 하위 학습전략의 사용이 높아짐을 알 수 있다. 기억전략(F=5.955, P<.01), 보상전략(F=5.451, P<.01), 상위인지전략(F=4.912, P<.01), 정의적 전략 (F=10.100, P<.001), 사회적 전략(F=3.804, P<.05) 수준에서 통계적으로 유 의미한 차이를 보였는데 이를 도식화하면 다음과 같다.

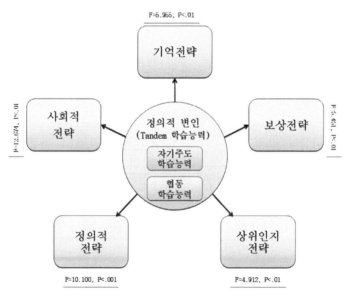

〈그림 17〉 학습자 정의적 변인이 하위 학습전략에 미치는 영향

이상의 내용을 토대로 정리해 보면 다음과 같다.

학습자 정의적 변인 중 자기주도 학습능력이 하위 학습전략에 미치는 영향을 살펴보면, 기억전략(β=.355, p⟨.01), 상위인지전략(β=.252, p⟨.05), 정의적 전략(β=.411, p⟨.001)에는 정(+)적인 영향을 미쳤으나 다른 학습전략에는 유의미한 영향을 미치지 못한 것으로 나타났다. 즉 자기주도 학습전략이 높을수록 기억전략, 상위인지전략, 정의적 전략의 사용이 높아짐을 알 수 있는데 이를 도식화하면 다음과 같다.

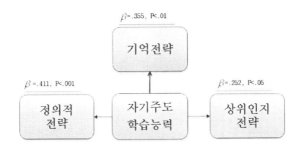

〈그림 18〉 자기주도 학습능력이 하위 학습전략에 미치는 영향

학습자 정의적 변인 중 협동 학습능력이 하위 학습전략에 미치는 영향을 살펴보면, 보상전략(β=.335, p⟨.01)에만 정(+)적인 영향을 미치고 다른 학습전략에는 유의미한 영향을 미치지 못한 것으로 나타났다. 즉 협동 학습능력이 높을수록 보상전략 사용이 높아짐을 알 수 있는데 이를 도식화하면 다음과 같다.

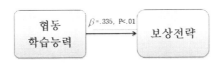

〈그림 19〉 협동 학습능력이 하위 학습전략에 미치는 영향

6. Tandem 학습 만족도에 따른 학습전략 분석 결과

이 절에서는 Tandem 학습법을 활용한 중국어 수업에서 학습자들의 만족도 수준에 따라 학습전략 사용에서 어떤 차이를 보이는지 일원변량 분석(one way-anova)을 통해 알아보았다.

1) Tandem 학습 만족도에 따른 학습전략 분석

연구 가설 5

학습자의 Tandem 학습 만족도에 따라 학습전략 사용에 유의미한 차이를 보이는가?

Tandem 학습에 대한 만족도 수준에 따라 학습전략 사용에 차이가 있는지를 알아보기 위해 Tandem 학습 만족도 기초통계량을 바탕으로 중위수법으로 만족도 수준을 상(a), 중(b), 하(c) 세 그룹으로 나누어 만족도 수준에 따라 학습전략 사용에 차이가 있는지를 알아보았다. 상(a) 그룹의 점수분포는 14-15점, 중(b) 그룹의 점수분포는 12-13점, 하(c) 그룹의 점수 분포는 11점 이하로 하였다.

〈표 40〉 Tandem 학습 만족도에 따른 학습전략 사용의 차이

학습전략	만족도	N	평균	표준편차	F	유의확률	Scheffe
기억전략	상(a)	18	3.44	.520	1.983	.145	
	중(b)	29	3.32	.567			
	하(c)	28	3.14	.452			
	합계	75	3.28	.522			

인지전략	상(a)	18	3.41	.409	2.714	.073	
	중(b)	29	3.61	.555			
	하(c)	28	3.29	.556			
	합계	75	3.45	.537			
보상전략	상(a)	18	3.56	.584	2.190	.119	
	중(b)	29	3.49	.328			
	하(c)	28	3.29	.479			
	합계	75	3.43	.464			
직접전략	상(a)	18	3.47	.349	3.986*	.023	c<a,b
	중(b)	29	3.47	.340			
	하(c)	28	3.24	.336			
	합계	75	3.39	.354			
상위인지 전략	상(a)	18	3.94	.464	5.153**	.008	c<a,b
	중(b)	29	3.76	.530			
	하(c)	28	3.48	.482			
	합계	75	3.70	.524			
정의적 전략	상	18	3.93	.356	1.798	.173	
	중	29	3.83	.489			
	하	28	3.69	.444			
	합계	75	3.80	.448			
사회적 전략	상(a)	18	4.39	.379	7.854***	.001	b,c<a
	중(b)	29	3.99	.442			
	하(c)	28	3.89	.437			
	합계	75	4.05	.464			

간접전략	상(a)	18	4.09	.284	9.060***	.000	b,c<a
	중(b)	29	3.86	.371			
	하(c)	28	3.69	.263			
	합계	75	3.85	.346			
전체 학습전략	상(a)	18	3.78	.258	8.913***	.000	c<a,b
	중(b)	29	3.67	.287			
	하(c)	28	3.46	.228			
	합계	75	3.62	.286			

*p<.05, **p<.01, ***p<.001

〈표 41〉에서 보는 바와 같이 학습자의 Tandem 학습 만족도 수준에 따른 학습전략 사용 차이에 대해 살펴보면 만족도 수준에 따른 직접전략은 상인 경우, 중인 경우가 각각 3.47점으로 높게 나타났으며, 하인 경우가 3.24점으로 나타났다. 이는 F=3.986, p<.05로 나타나 통계적으로 유의미한 차이를 보였다. (p<.05) Scheffe 사후 검증 결과, Tandem 학습 만족도가 '하' 집단은 '상', '중' 집단과 유의미한 차이를 보이는 것으로 나타났다.

학습자의 Tandem 학습 만족도 수준에 따른 상위인지전략은 상인 경우가 3.94점으로 가장 높은 것으로 나타났으며, 중인 경우가 3.76점, 하인 경우가 3.48점 순으로 나타났다. 이는 F=5.153, p<.01로 나타나 통계적으로 유의미한 차이를 보였다. (p<.01) Scheffe 사후 검증 결과, Tandem 학습 만족도가 '하' 집단은 '상', '중' 집단과 유의미한 차이를 보이는 것으로 나타났다.

학습자의 Tandem 학습 만족도 수준에 따른 사회적 전략은 상인 경우가 4.39점으로 가장 높은 것으로 나타났으며, 중인 경우가 3.99점, 하인 경우가 3.89점 순으로 나타났다. 이는 F=7.854, p<.001로 나타나 통계적

으로 유의미한 차이를 보였다. (p<.001) Scheffe 사후 검증 결과, Tandem 학습 만족도가 '하', '중' 집단은 '상' 집단과 유의미한 차이를 보이는 것으로 나타났다.

학습자의 Tandem 학습 만족도 수준에 따른 간접전략은 상인 경우가 4.09점, 중인 경우가 3.86점, 하인 경우가 3.69점 순으로 나타났다. 이는 F=9.060, p<.001로 나타나 통계적으로 유의미한 차이를 보였다. (p<.001) Scheffe 사후 검증 결과, Tandem 학습 만족도가 '하', '중' 집단은 '상' 집단과 유의미한 차이를 보이는 것으로 나타났다.

학습자의 Tandem 학습 만족도 수준에 따른 전체학습전략은 상인 경우가 3.78점으로 가장 높은 것으로 나타났으며, 중인 경우가 3.67점, 하인 경우가 3.46점 순으로 나타났다. 이는 F=8.913, p<.001로 나타나 통계적으로 유의미한 차이를 보였다. Scheffe 사후 검증 결과, Tandem 학습 만족도가 '하' 집단은 '상', '중' 집단과 유의미한 차이를 보이는 것으로 나타났다.

반면, Tandem 학습 만족도 수준에 따른 기억전략, 인지전략, 보상전략, 정서적 전략은 p>.05로 나타나 통계적으로 유의미한 차이를 보이지 않았다.

2) 소결

Tandem 학습법을 활용한 중국어 수업에서 학습자들이 수업 만족도에 따라 학습전략의 사용에 어떤 차이를 보이는가를 알아보기 위하여 일원변량분석(one way-anova)을 사용하였다. 그 결과 전체 학습전략(F=8.913, P<.001), 직접전략(F=3.986, P<.05), 간접전략(F=9.060, P<.001)에 모두 유의미한 차이를 보였다. Scheffe 사후 검증 결과, 전체 학습전

략에서는 Tandem 학습 만족도가 '하' 집단은 '상', '중' 집단과 유의미한 차이를 보이는 것으로 나타났고, 직접전략에서도 역시 Tandem 학습 만족도가 '하' 집단은 '상', '중' 집단과 유의미한 차이를 보이는 것으로 나타났으며, 간접전략에서는 Tandem 학습 만족도가 '하', 중 집단이 '상' 집단과 유의미한 차이를 보이는 것으로 나타났다. 이를 도식화하면 다음과 같다.

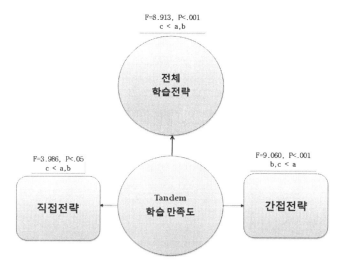

〈그림 20〉 Tandem 학습 만족도에 따른 전체 학습전략, 직접전략, 간접전략
사용의 차이

　　Tandem 학습 만족도에 따른 하위 학습전략을 살펴보면, 상위인지전략($F=5.153$, $P<.01$)과 사회적 전략($F=7.854$, $P<.001$)에만 유의미한 차이를 보이고 기타 학습전략에는 통계적으로 유의미한 차이를 보이지 않았다. Scheffe 사후 검증 결과, 상위인지전략에서 Tandem 학습 만족도가 '하' 집단은 '상', '중' 집단과 유의미한 차이를 보이는 것으로 나타났고, 사회적 전략에서는 Tandem 학습 만족도가 "중", "하" 집단이 "상"집단과 유의

미한 차이를 보이는 것으로 나타났다.

〈그림 21〉 Tandem 학습 만족도에 따른 하위 학습전략 사용의 차이

7. 학습전략훈련의 Tandem 수업현장 적용 가능성에 관한 논의

　모국어 환경 속에서 중국어를 학습하고 있는 한국인 중국어 학습자들에게 CSL 환경을 조성해 주고, 중국어 학습자들의 의사소통능력 신장에 긍정적인 역할을 하고 있는 Tandem 학습법을 활용한 수업에서 다양한 학습 활동을 수행하면서 사용되는 학습전략을 바탕으로 Tandem 학습의 효율성 향상을 위한 중국어 학습전략의 현장 적용 가능성에 대해 다음과 같이 논의하고자 한다.

　Tandem 학습법을 적용한 수업은 다른 외국어 교실 수업과는 달리 교사의 개입이 최소화 되어 있으므로 일반적인 외국어 학습전략 지도 모형과 차별화하여 진행되어야 할 것이다. Tandem 학습법에서 학생들과 가장 직접적인 유대관계를 유지하게 하는 개별상담을 통한 학습전략의 훈련 모형을 제안하고, 아울러 Tandem 학습상담 원칙과 방법, 일반

외국어 학습전략 훈련 모형을 참고하여 이루어져야 한다고 본다.

　본 연구의 통계분석 결과를 살펴보면, 학습자 개인적 변인 중 성격조합에 따라 Tandem 학습능력의 차이가 보였는데, 성격이 비슷한 조합인 동질조합인 경우가 성격이 서로 다른 이질조합보다 자기주도 학습능력 수준이 더 높은 것으로 나타났다. Tandem 학습 만족도 조사 결과, 또한 동질조합이 Tandem 학습 만족도가 더 높은 것으로 나타났고, 아울러 목표어 수준 차이가 있는 조합이 수준 차이가 없는 조합보다 Tandem 학습 만족도가 더 높은 것으로 나타났다. 이러한 통계결과를 바탕으로 Tandem 학습 개시 전, 학습자와의 상담 시 또는 상담 전에 Tandem 학습에 참여한 모든 학습자의 개인적 변인을 면밀히 검토하고 가능한 성격이 비슷한 성향의 학습자를 한 조로, 목표어 수준차이가 있는 학습자를 한 조로 묶어 주어 학습을 진행하는 것이 바람직 할 것이다.

　Brammerts & Kleppin(2001)이 제안한 Tandem 학습에서의 상담원칙과 절차를 기본 모형으로 하고 현재까지 가장 널리 쓰이고 있는 O'Malley & Chamot(1994)의 학습전략 교수 모형(CLLA)을 참고하여 Tandem 학습을 활용한 중국어 수업에서 학습자들의 학습전략 사용을 활성화시키기 위해 상담을 통한 적용 방안을 모색하고자 한다. 본 연구 통계 분석 결과를 토대로 Tandem 학습법을 적용한 수업에서 학습자들이 학습전략을 보다 유용하게 활용할 수 있도록 상담 방안을 다음과 같이 제시한다.

상담 전 준비

　상담하고자 하는 학습자의 기본 특성을 파악하고 상담방식, 상담시간, 상담장소를 정한다. 경우에 따라 개인별 상담을 할 수 있고, 팀별 상담도 할 수 있다. 이 때 개강 초기에 진행하였던 상담내용과 교사의 평소 관찰을 토대로 학습자의 목표어 수준, 성격, 자기주도성, 교우관계 등을 사전 파악할 수 있다.

첫 번째 단계 : 상담 목표 설명

일부 학습자는 아무 생각 없이 단지 막연한 생각만 가지고 상담에 임할 수 있다. 그러므로 교사는 첫 단계에서 학습자에게 학습상담이 어떻게 이루어지며, 무엇을 얻을 수 있는지에 대하여 설명한다. 학습전략 활성화를 위한 상담은 학생들이 학습과정과 자기 자신의 학습전략에 관심을 갖게 하는 일이 관건이므로 상담에서 학습자가 자신의 생각을 부담 없이 말할 수 있게 분위기를 조성해 주고 개방형 질문을 던져 학습자가 구체적으로 답변할 수 있도록 도와준다.

> 교사: '쇼핑'을 주제로 한 오늘 수업에서 어떤 어휘들을 배웠나요?
> 학생: '眼影, 眼线液, 购物广场, 夏奈尔, 电视购物, 集市, 粉底霜等等'
> 교사: 아주 실용적이고 여학생들이 관심 가지는 많은 어휘들을 배웠군요. 이렇게 많은 어휘를 배웠는데 이 어휘들을 장기 기억하고 활용하는데 어떤 좋은 방법이 있을까요?

이러한 질문방법과 질문내용은 학습자가 지금까지의 자신의 습관과 선호하는 것과 학습전략 사용에 대한 인식을 이끌어낼 수 있고, 또한 학습전략의 중요성을 학습자가 스스로 느끼게 할 수 있다.

두 번째 단계 : 구체적인 학습전략 활성화 방법 설명하기

상담에 참여한 학습자 특성과 지금까지 활용했던 학습전략을 다시

한 번 상기하게 함으로써 아직 발견하지 못한 문제점, 수정의 가능성 등을 학습자 스스로 심사숙고하도록 자극을 준다. 이때 교사는 학습자의 목표어 수준 등 학습자 특성에 따라 학습자가 Tandem 학습에서 발생하는 특정 상황을 시뮬레이션 할 수도 있다.

> 교사: 내가 당신의 파트너라고 생각하고 지난 주말에 대하여 이야기해 보세요. 대화과정에서 당신이 어떻게 반응하는지 함께 관찰해 봅시다.
> 학생: 你上周末做什么了?
> 교사: 可别提了, 我上周末被放鸽子了。
> 학생: 这是什么意思呀?
> 교사: 我先不翻译成韩语, 你听完之后, 再猜一猜是什么意思?

이때 교사는 대화 내용 중 중요한 부분을 메모하고 학습자가 다음번에 자신이 어떻게 행동하여야 하는지 알도록 도와준다. 학습에 대한 전문가로서의 교사는 이 단계에서 자신의 이론적 지식을 근거로 학습자가 결정을 내리는데 필요한 일반적인 척도를 제공하는 것이다. 경우에 따라 다른 형태의 행위가 보충될 수도 있는데 교사가 직접적으로 권유할 수도 있다. "외국어 학습에서 반복은 아주 중요한 방법 중의 하나이고, 어떻게 반복하는가는 학습자에 따라 다르므로 자신한테 맞는 방법을 선택할 수 있다. 외국어로 많이 읽거나 쓰는 것도 반복의 한 방법이고, 어휘 노트를 정리하는 작업도 반복학습 행위이다."

또한 교사는 학습자가 현재 활용하고 있는 학습전략을 계속 활용할 수 있도록 격려해 주고, 학습자에게 학습전략 목록을 제시하여 학습자로 하여금 학습전략에 어떤 것이 있고, 어떤 학습전략이 학습자 개인에게 맞는지 스스로 판단하게 하거나 교사가 조언해 줄 수 있다. 상담과정에서 이렇게 제시하고 조언하는 이유는 다음과 같다. 첫째, 지금까지 진행해 온 Tandem 수업 학습자들의 학습행위를 관찰하고 살펴본 결과, 아직까지 학습전략을 의식적으로 다양하게 많이 활용하려는 학습자가 적기 때문이다. 둘째, 전체 학습자 대상으로 전달한 Tandem 학습법에 대한 설명이나 방법이 기대했던 만큼의 효과를 거두지 못하였기 때문이다.

Tandem 학습법을 적용한 수업에서 학습전략 사용 현황을 보면, 직접전략이 간접전략보다 낮게 나타났으며, 그 중에서도 기억전략이 가장 저조하였고, 그 다음 보상전략, 인지전략 순이다. 간접전략 중에서는 상위인지전략이 가장 낮게 나타났고, 그 다음으로는 정의적 전략, 사회적 전략 순이다. 원어민과 1:1로 진행되는Tandem 학습법의 특성상 사회적 전략이 가장 높게 나타나는 것은 예측 가능한 결과이다. 회귀분석을 통해 알 수 있듯이, 자기주도 학습능력이 높은 학습자일수록 기억전략, 상위인지전략, 정의적 전략을 많이 사용하는 경향이 있고, 협동 학습능력이 높은 학습자일수록 보상전략을 많이 사용하는 경향이 있다. Tandem 학습 만족도 수준에 따라 학습전략 사용에 차이가 있는지를 알아본 결과, Tandem 학습 만족도에 따라 상위인지전략과 사회적 전략에 유의미한 차이를 보였다. 즉 Tandem 학습 만족도가 높을수록 상위인지전략과 사회적 전략의 사용이 높은 것으로 나타났다.

본 연구의 결과와 외국어 학습에서 학습 성취도가 높은 학습자일수록 사용하는 학습전략이 다양하다는 선행연구 결과를 바탕으로 학습전략의 내용을 다음 표와 같이 정리할 수 있다. 이 내용은 교사가 상담 시, 적절히 참고하여 학습자 특성과 학습경험에 따라 전체 혹은 부분적으로 제시할 수 있다.

〈표 41〉 학습전략 훈련 내용

전략유형	활동	방법
기억전략	분류하기	Tandem 수업시간에 파트너로부터 학습한 단어를 품사별, 주제별, 유사어, 반의어 등으로 분류한다.
	정교화하기	이미 알고 있는 내용이나 자신의 경험과 연결지어 보거나, 알고 있는 표현과 재조합해 본다.
	복습하기	수업에서 배운 내용을 회상하며 문장에 넣어 스스로 복습한다.
	핵심어 사용하기	시각적 청각적 고리(컴퓨터 혹은 스마트폰의 활용 등)를 만들어서 자신이 이미 익숙한 것들 중에서 단어와 소리나 이미지가 비슷한 것들을 찾아 연결시킨다.
인지전략	반복하기	반복해서 말해 보거나 원어민인 Tandem 파트너의 발음을 흉내낸다.
	노트하기	수업시간에 배운 내용을 별도의 연습장에 노트한다.
	대조시켜 분석하기	관용어, 숙어, 속담 등의 표현은 모국어와 대조시켜 차이를 분석하고 어원도 함께 알아본다.
보상전략	추측하기	원어민인 Tandem 파트너와의 대화 중에서 모르는 표현이 있으면 바로 사전이나 해석을 요구하지 않고 앞뒤 문맥이나 이미 배웠던 언어적 지식, 파트너의 어조나 얼굴표정 등을 관찰함으로써 의미를 추측해 본다.
	제스처 사용하기	중국어 표현이 떠오르지 않을 때 몸짓으로 표현한다.
	유사어 사용하기	모르는 중국어 표현은 비슷한 의미의 표현으로 바꾸어 대신한다.

상위인지 전략	학습목표 설정하기	매주 수업을 위한 세부 학습목표를 정한다
	학습계획 세우기	매주 수업진행을 위한 계획을 구체적으로 세운다.
	연습기회 찾기	Tandem 수업의 기본인 50:50원칙을 지키기 위하여 가능한 중국어를 많이 사용한다.
	주의 집중하기	Tandem 파트너가 모국어인 중국어로 말할 때 집중하여 듣고 말하기를 미룬다.
	점검 및 평가하기	중국어로 말하고 이해할 때 어떤 실수를 했는지 밝혀내고, 그런 실수를 최소하기 위해 스스로 노력하며 스스로 얼마나 향상되었는지 평가해 본다.
정의적 전략	두려움 줄이기	긴장이나 두려움을 없애기 위해 유머나 게임 등을 통해 긴장감을 완화시킨다.
	학습일지 쓰기	매주 수업이 끝난 후 학습일지를 성실하게 작성하고, 수업에 대한 총체적인 느낌을 적는다.
	타인과 감정 나누기	필요에 의해 다른 팀원과 함께 Tandem 수업에서 어려웠던 부분이나 건의사항을 이야기하거나 발표형식으로 정보를 공유한다.
	자신을 격려하기	자신의 중국어 실력에 대해 긍정적으로 서술함으로써 자신에게 용기와 자신감을 갖게 한다.
사회적 전략	명확성을 위해 질문하기	잘 못 알아들었을 때 그 뜻을 명확히 하기 위해 천천히 말해 달라고 하거나 설명을 요구한다.
	수정 요청하기	자신의 중국어 표현에서 틀린 부분이 있으면 파트너에게 수정을 부탁한다.
	문화적 이해 높이기	Tandem 수업은 문화적 배경이 다른 학습자와의 1:1 수업이므로 상호 문화를 존중해 주고 이해하기 위해 노력한다.

세 번째 단계 : 다음 단계 준비와 자기 평가

사실상 앞의 단계에서 기술한 내용으로 Tandem 수업에서의 학습전략 활용을 위한 상담목적을 대부분 달성했다고 볼 수 있다. 세 번째 단계는 상담의 마지막 단계로서 학습자 스스로 학습 성과를 실현할 수 있는지, 학습자 스스로 학습전략을 확인할 수 있는지를 학습자 자신이 자기평가를 할 수 있게 해야 하고, 파트너와 함께 하는 자기평가의 가능성들을 제안하고자 교사는 노력해야 한다. 아울러 교사는 학습자로 하여금 자신감을 갖게 하고, 다음번 상담 시 학습자가 스스로 Tandem 수업 진행과정과 성과를 보고할 수 있도록 격려하고 더욱 효과적인 상담을 위해 철저한 준비를 한다.

학습자는 흔히 새로운 행위목표를 찾는 것보다는 오히려 그것을 실천하는데 있어 상담사에게 도움을 받고자 하는데 이러한 의도는 예를 들어 동의를 구하는 수사학적 표현으로 나타날 수 있다. "만약 ……만 해결된다면 무난히 과제를 완성할 수 있을 것 같습니다.". 아울러 학습자는 흔히 누군가 보는 앞에서 자신의 태도를 결정하는 것으로 만족하기도 하는데 "알겠습니다. 그대로 해 보겠습니다. …… 그리고 다음 주에 보고 드리겠습니다."등이 있다.

위에서 언급한 바와 같이 학습자가 학습목표를 스스로 정했다면 그 다음으로는 어떻게 그것을 스스로 확인할 수 있는지, 자신이 계획한 것을 도달하였는지 점검하고 이를 바탕으로 다음번의 학습상담 기회에 학습자나 상담사가 언급할 수 있다. 예를 들면 "지난번 상담 때 파트너와의 발음 교정해 주는 것에 대해 좋은 방법을 제시하였는데 어느 정도 효과나 진척이 있었다고 됩니까?" 등 표현이 있을 수 있다.

언어와 관련된 학습목표의 경우 많은 학습자들이 자신의 학습성과를 상담사가 입증해주기를 바란다. 상담사는 어떠한 경우에든 학습자의 노고를 인정하고 드러나는 문제점들에 대하여 그와 논의해야 한다. 학습자가 자신의 언어습득 수준을 다시 한 번 측정하기를 원할 수 있다. 이 경우 상담사는 학습자에게 탄뎀 파트너가 함께하는 자기평가의 가능성들을 제안하려고 노력해야 한다.

상담사가 학습자와 상담을 진행할 때 몇 가지 기본원칙과 기법이 있는데 Rogers에 따르면 다음과 같은 상담사의 기본자세가 필요하다.

첫째, 여건은 고려하여 수용하고 학습자를 긍정적으로 평가한다는 것을 탄뎀학습에 적용하여 해석하면 다음과 같다. 상담사는 학습자가 자신의 학습에 대하여 스스로 결정하려는 마음이 있고 또 그렇게 할 능력이 있는 주체임을 인정해야 한다. 상담사는 학습자가 자신과 동일한 결정을 내렸는지, 그리고 그가 지금가지의 학업성취와 앞으로의 성취 전망을 어떻게 평가하고 있는지와 무관하게 그를 받아들이고 지원해야 한다.

둘째, 공감, 즉 감정 이입을 하여 이해하는 행위를 탄뎀학습에 적용하여 해석하면 다음과 같다. 학습자와 공감하기 위하여 상담사는 학습자가 성취하려는 학습목표가 무엇인지, 가능성과 한계가 무엇인지, 결정에 영향을 주는 요소가 무엇인지 알려고 노력해야 한다. 이러한 이해가 가능하게 하는 대화는 학습자가 이러한 요소들을 쉽게 인식하게 만드는데, 그것은 나중에 이 요소들을 결정할 때 활용할 수 있도록 하기 위한 것이다.

셋째, 진정성, 적합성, 투명성이 현재의 맥락에서 의미하는 바는 다음과 같다. 상담사는 자신을 가면 뒤에 숨기지 않고 상하 관계가 아닌 동등한 인간 대 인간의 관계가 되도록 행동한다. 상담사는 진정성과 투명성으로 문제해결의 가능성을 보여준다. 그는 한편으로는 학습에 관하여 전문가이고 학생들이 자신을 그렇게 보고 있다는 사실을 알고 있지만, 다른 한편으로는 학생들의 자기책임을 자신의 생각보다 더 중요하게 간주한다. 이점을 감안하여 학생들이 상담사의 생각을 실천하도록 추천한다고 생각하지 않도록 상담사는 정확한 입장을 전달해야 한다. 그래서 상담사에 대한 대화기술의 교육뿐만 아니라 상담사로서의 기본적인 사고방식과 태도 및 자질이 필요한 것이다. 또한 외국어 학습상담사나 교사는 흔히 상담을 외국어로 진행해야 하기 때문에 대화기술 외에도 상담사의 상당한 외국어 구사능력도 함께 요구될 수 있다.

V

결론

본 연구는 국내 CFL 학습 환경에서 학습하고 있는 중국어 학습자들에게 CSL 환경을 조성해 줄 수 있고, 유럽에서는 이미 40여년 간의 역사를 갖고 있지만 국내에서는 아직 생소한 Tandem 학습법을 소개하고, 이를 중국어 수업현장에 도입하여 수집된 자료를 바탕으로 학습자의 개인적 변인, 정의적 변인, 수업 만족도, 학습전략 사용 간의 관계를 규명하였다. 이를 바탕으로 Tandem 학습법을 활용한 수업에서 상담을 통한 중국어 학습전략 훈련 방안 모색에 시사점을 제시하여 중국어 학습의 효율성을 향상시키고, 진정한 의미의 학습자 중심 교육을 실현하고자 진행되었다.

연구의 목적을 달성하기 위해 부산외국어대학교에서 2010학년도 2학기부터 2011학년도 2학기까지 총 3학기의 중-한 Tandem I, II 수업에 참여한 중국어과 재학생을 본 연구의 조사 대상으로 삼았다. 2010학년도 2학기 Tandem 수업을 신청한 한국 학생 24명, 중국 학생 24명 총 48명이 두 개 반으로 나뉘어 수강하였고, 2011학년도 1학기에는 한국 학생 26명, 중국 학생 26명 총 52명이 두 개 반으로 나뉘어 수강하였으며, 2011학년도 2학기에도 한국 학생 26명, 중국 학생 26명 총 52명이 두 개 반으로 나뉘어 수강하였다. 3학기에 걸쳐 중-한 Tandem 과목을 수강한 학생은 총 76팀 152명으로, 76명의 한국인 중국어 학습자와 76명의 중국인 한국어 학습자로 구성되었다.

Tandem 학습법을 활용한 중국어 수업에서 기본 원칙이 되는 자기주도 학습능력과 협동 학습능력을 Tandem 학습능력이라고 하고, Tandem 학습자 개인적 변일별 Tandem 학습능력의 차이, 학습자 개인적 변인별 Tandem 학습 만족도의 차이, Tandem 학습능력을 학습자의 정의적 변인으로 설정하였다. 그리고 이러한 정의적 변인과, Tandem 학습 만족도, 학습전략 사용 간의 상관관계를 알아보았다. 아울러 학습자 개인적 변인을 성별, 중국어 수준, 이문화 이해 수준, 성격 4개 수준으로 구분하였다. 여러 변인 간의 관계 규명을 위해 설문지 작성, 면담, 관찰기록, 학습일지 등 조사방법을 채택하였고, 총 4개의 측정도구를 사용하였다.

자기주도 학습능력을 측정하기 위해 Gulielmino(1997)가 제작한 자기주도학습 준비도 척도(Self-directed learning readiness scale: SDLRS) 32개 문항을 본 연구에서는 그대로 사용하였다. 협동 학습능력을 알아보기 위해 Johnson & Johnson(1992) 등의 협동학습의 본질적 요소와 최보금(2006)이 연구한 대학에서 이루어지는 협동학습 기본요소를 조사하기 위해 만든 설문지를 토대로 Tandem 학습에 맞게 변형하여 10개의 문항으로 이루어진 설문지를 수정, 보완하여 사용하였다. Tandem 수업에 대한 만족도 측정을 위하여 국내에서 정재삼·임규연(2000)이 Stein(1997)의 설문문항을 번안하여 사용한 것과 김영희(2006)가 학습자 개인차 변인과 만족도의 관계규명을 알아보기 위하여 개발한 문항들을 참고하여 Tandem 학습에 맞게 필자가 총 5개의 문항으로 수정하였다. 세 문항은 5점 리커트 척도를 사용하였고, 나머지 두 개 문항은 다항선택 및 주관식으로 작성하여 빈도분석으로 학습자들의 수업에 대한 만족도를 조사하였다. 학습자들이 사용한 중국어 학습전략을 측정하기 위해 Oxford(1990)가 개발한 "The Strategy Inventory for Language Learning (SILL)"의 50개 문항을 이은형(2008)이 중국어 학습에 맞게 수정·제작한 30개의 문항을 참고하였다. 본고에서는 이를 토대로 다시 중국어 Tandem 학습에 맞게 적절히 변형하여 30개 문항으로 개발하였다. 학습전략은 직접전략과 간접전략으로 구분하고 다시 직접전략을 기억전략, 인지전략, 보상전략으로 나누고, 간접전략은 상위인지전략, 정의적 전략, 사회적 전략으로 나누어 조사하였다.

Tandem 학습법을 적용한 중국어 수업에서 한국인 중국어 학습자의 개인적 변인, 정의적 변인, Tandem 학습 만족도, 중국어 학습전략과 관련한 분석결과는 다음과 같다.

1) 학습자 개인적 변인에 따라 Tandem 학습능력이 차이가 있는지를 알아보기 위해 t-검증을 통해 분석 한 결과, 성격 조합에 따른 자기주도 학습능력의 경우, 한국인 중국어 학습자와 중국인 한국어 학습자의 성격조합이 동질조합인 경우가 이질조합인 경우보다 자기주도 학습능력 수준이 더 높은 것으로 나타났다. 반면, 기타 개인적 변인에 따른 Tandem 학습능력에는 통계적으로 유의미한 차이를 보이지 않았다.

2) 학습자 개인적 변인에 따라 Tandem 학습 만족도에 차이가 있는지를 알아보기 위해 t-검증을 통해 분석한 결과, 동질조합인 경우가 이질조합인 경우보다 Tandem 학습 만족도가 더 높은 것으로 나타났고, 목표어 수준 차이가 있는 경우가 수준 차이가 없는 경우보다 Tandem 학습 만족도가 더 높은 것으로 나타났다.

3) 학습자 정의적 변인인 Tandem 학습능력(자기주도 학습능력, 협동 학습능력)과 Tandem 학습 만족도 간의 관계를 알아보기 위해 상관분석과 회귀분석을 통해 분석한 결과, 자기주도 학습능력, 협동 학습능력, Tandem 학습 만족도 간에 정(+)적인 상관관계가 있는 것으로 나타났고, 협동 학습능력이 Tandem 학습 만족도에 정(+)적인 영향을 미치는 것으로 나타났다.

4) 학습자 정의적 변인과 학습전략 간의 관계를 알아보기 위해 상관분석과 회귀분석을 통해 분석한 결과, 자기주도 학습능력, 협동 학습능력, 전체 학습전략 간에 정(+)적인 상관관계가 있는 것으로 나타났고, 자기주도 학습능력, 협동 학습능력, 직접전략, 간접전략 간에 정(+)적인 상관관계가 있는 것으로 나타났다. 또한 학습자 정의적 변인이 하위 학

습전략과의 상관관계는 인지전략을 제외하고 나머지 다섯 개 전략과도 역시 정(+)적인 상관관계가 있는 것으로 나타났다. 회귀분석 결과에서는 학습자의 정의적 변인이 전체 학습전략에 유의미한 영향을 미치는 것으로 나타났으며, 자기주도 학습능력이 간접전략에 유의미한 영향을 미치는 것으로 나타났다. 또한 학습자 정의적 변인이 하위전략에 미치는 영향을 보면, 자기주도 학습능력이 기억전략, 상위인지전략, 정의적 전략에 유의미한 영향을 미치는 것으로 나타났고, 협동 학습능력이 보상전략에만 유의미한 영향을 미치는 것으로 나타났다.

5) Tandem 학습 만족도 수준에 따라 학습전략 사용에 차이가 있는지를 알아보기 위해 일원변량분석(one way-anova)을 통해 분석한 결과, 전체 학습전략, 직접전략, 간접전략에 모두 유의미한 차이를 보였다. Scheffe 사후 검증 결과, 전체 학습전략에서는 Tandem 학습 만족도가 '하'인 집단은 '상', '중'인 집단과 유의미한 차이를 보이는 것으로 나타났고, 직접전략에서도 역시 Tandem 학습 만족도가 '하'인 집단은 '상', '중'인 집단과 유의미한 차이를 보이는 것으로 나타났으며, 간접전략에서는 Tandem 학습 만족도가 '하', '중'인 집단이 '상'인 집단과 유의미한 차이를 보이는 것으로 나타났다. Tandem 학습 만족도에 따른 하위 학습전략을 살펴보면, 상위인지전략과 사회적 전략에만 유의미한 차이를 보이고, 기타 학습전략에는 통계적으로 유의미한 차이를 보이지 않았다. Scheffe 사후 검증 결과, 상위인지전략에서 Tandem 학습 만족도가 '하'인 집단은 '상', '중'인 집단과 유의미한 차이를 보이는 것으로 나타났고, 사회적 전략에서는 Tandem 학습 만족도가 '중', '하'인 집단이 "상"인 집단과 유의미한 차이를 보이는 것으로 나타났다.

이상의 통계 분석 결과를 통해 다음과 같은 시사점을 도출할 수 있다.

Tandem 학습법을 활용한 중국어 수업에서 학습자의 성격과 목표어 수준이 Tandem 학습에 대한 영향력이 큰 것으로 확인되어 Tandem 수업을 할 때, 학습자 파트너를 정하기 전에 학습자에 대해 면밀히 사전조사를 하여 더욱 효율적인 수업이 될 수 있도록 학습조를 구성해야 한다. 또한 학습전략 사용에서 자기주도 학습능력이 높을수록 다양한 학습전략을 사용하고 있다는 점을 감안하여 Tandem 수업을 통해 학습자들의 자기주도성을 길러주는 것도 본 연구의 성과라고 할 수 있다.

Tandem 수업의 성과 조사에서 알 수 있듯이, 학습자들이 중국어 어휘, 문화, 의사소통 능력 등 지식적인 영역에서 향상될 뿐만 아니라 중국어 학습동기 부여, 학습열정 향상 등 정의적인 영역의 향상에도 큰 도움이 될 것이라고 예상된다.

Tandem 학습법을 활용한 중국어 수업에서 사용한 학습전략 현황과 선행연구의 결과를 비교해 보면, 선행연구에서 목표어 환경에서 가장 많이 사용하는 전략이 사회적 전략이라는 결과와 본 연구의 결과가 같은 것으로 나타났다. 즉 Tandem 학습법은 모국어 학습 환경의 중국어 학습자에게 목표어 환경을 조성해 줄 수 있다는 것을 시사한다.

Tandem 학습법을 활용한 중국어 수업에서 한국인 중국어 학습자들이 사용하는 학습전략 중 사회적 전략, 정의적 전략, 상위인지전략 등 간접전략이 많이 사용되었고 기억전략, 인지전략, 보상전략 등 언어를 직접 다루는 직접전략의 사용이 상대적으로 낮은 편이라 학습전략의 상호 보완 가능한 특성을 활용하여 직접전략의 사용을 촉진시킬 수도 있을 것이다. 학습자들이 스스로에게 맞는 학습전략을 채택하고 사용하고, 검증할 수 있게 하려면 교사가 의도적인 학습전략 훈련을 진행해야 하고 Tandem 수업 특성에 맞게 방안을 모색해야 할 것이다.

본 연구는 Tandem 학습법을 활용한 중국어 수업에서 관련 변인을 설정하고 이들 사이의 관계를 규명하는 것에 주된 목적이 있다. 그러나 연구의 주요 분석 도구인 설문조사가 부산외국어대학교 중국어학부 학생만을 대상으로 진행되었기 때문에 전체 중국어 학습자들의 성향을 파악하는 데는 아직 한계점이 존재하고 있다. 또한 Tandem 학습법 관련 변인 및 학습전략에 대해서는 초기 연구인만큼 학습자의 개인적 변인, 정의적 변인, Tandem 학습 만족도, 학습전략 척도의 개발에 있어 중국어 학습 현실과 언어 특성을 정교하게 고려하지 못했다는데 본 연구의 한계점이 있다.

　아울러 중국어 Tandem 수업에서 한국인 중국어 학습자가 주 연구대상으로 연구목적을 달성하였지만 중국인 한국어 학습자와 1:1로 함께 진행되는 학습임을 감안하면, 중국인 한국어 학습자의 상황도 같이 고려하는 것이 더욱 실효성이 있을 것으로 생각된다. 이러한 연구를 바탕으로 실제로 Tandem 수업을 운영하면서 수반되는 더욱 많은 학습자 변인을 찾아내고 이러한 변인에 따라 학습전략 요인의 강화 방안에 대한 실질적 연구가 많이 진행되어야 할 것이다.

참고문헌

【도서류】 - 한국도서

강인애(2007), 「왜 구성주의인가?」, 문음사.

김덕기(1996), 「영어교육론」, 고려대학교출판부.

김충실(2006), 「중한문법대조연구」, 부산외국어대학교 출판부.

_____(2010), 「한국어 '를' 구문 교수방법 연구 - 중국인 학습자를 대상으로」, 박이정.

김판수 · 백현기(2007), 「공부의 절대시기-자기주도학습법」, 교육과학사.

김한란 외 역(2007), 「언어 학습, 교수, 평가를 위한 유럽공통참조기준」, 한국문화사.

Oxford 저, 박경자 · 김현진 · 박혜숙 역(2003), 「영어 학습 전략」, 교보문고.

박경자 외(2006), 「언어교수학」, 박영사.

박성익(1997), 「교수학습 방법의 이론과 실제」, 교육과학사.

배영주(2009) 「자기주도학습과 구성주의」, 원미사.

변영계 · 김광휘(1999), 「협동학습의 이론과 실제」, 학지사.

위수광(2012). 「중국어 교육문법」, 박이정.

이동원(1995). 「인간교육과 협동학습」, 성원사.

이성호(1999), 「교수방법론」, 학지사.

이효웅(1999), 「영어학습 태도, 동기 및 책략과 성취도와의 상관관계」, 한국문화사.

전병만 외(2003), "외국어 교육 접근 방법과 교수법", CAMBRIDGE.

정문성(2006), 「협동학습의 이해와 실천」, 교육과학사.

정지웅 · 김지자 역(1995), 「자기주도학습의 길잡이」, 교육과학사.

조부경((2008), 「구성주의 이론, 관점, 그리고 실제」, 양서원.

하수권(2012), 「자기주도 외국어 학습법의 결정판-탄뎀 학습법」, 부산외국어대학교 출판부.

한상헌 외 역(2011), 「외국어 학습 전략」, 만남.

【논문류】 - 한국논문

강승혜(1999), "한국어 학습자의 언어학습 전략과 학습결과", 「외국어로서의 한국어교육(구 말)」, 제23권, 연세대학교 한국어학당.

강홍숙(2006), "협동학습의 효과에 관한 메타분석", 박사학위논문, 목포대학교.

김강식(2003), "STAD 협동학습이 동기요인에 따라 영어과 학업성취에 미치는 효과", 박사학위논문, 전북대학교.

김선주(2008), "성공적인 한국어 학습자의 학습 전략 사용에 관한 연구", 석사학위논문, 경희대학교.

김세진(2010), "Tandem 학습법을 적용한 한국어 교육에서 교사의 역할", 석사학위논문, 부산외국어대학교.

김애주 김남국(2010), "학습자 변인이 언어학습책략 선호에 미치는 영향", 「언어학연구」, 제17호, 한국중원언어학회.

김연주(2002), "성격요인이 한국 고등학생의 영어학습책략과 영어 성적에 미치는 영향", 석사학위논문, 서울대학교.

김충실(2008), "중국인 학습자를 위한 한국 '를' 구문 교수방법 연구", 박사학위논문, 부산외국어대학교.

김태웅(2009), "실시간 온라인 토론 수업에서 참여도, 성취도, 만족도에 영향을 미치는 변인에 관한 연구", 박사학위논문, 고려대학교.

김현정(2011), "전략적 협동학습이 대학생의 영어 어휘능력 향상에 미치는 영향", 박사학위논문, 중앙대학교.

김형란(2010), "마인드맵 소프트웨어를 기반으로 한 중국어 교수·학습과정 연구", 석사학위논문, 울산대학교.

김홍원(1994), "자기-교시 훈련이 상위인지, 귀인양식 및 과제 성취에 미는 영향", 박사학위논문, 성균관대학교.

김희숙(2005), "마인드맵을 활용한 한어 어휘 학습지도 방안: 외래어 학습을 중심으로", 석사학위논문, 상명대학교.

노미애(2009), "학습의 자기주도성이 높은 대학생의 내외 동기와 대인관계기술과의 관계", 석사학위논문, 고려대학교.

민춘기(2008), "외국어학습에서 자율학습과 학습상담의 활용가능성", 「독어교육」 제42집, 한국독어독문학교육학회.

박덕준(2003), "웹기반 중국어 읽기 전략", 「중국언어연구」, 제17집.

_____(2005), "중국어 독해교육 전략", 「중국학보」, 제52집, 한국중국학회.

박성익(1985), "협동학습 전략과 경쟁학습 전략의 교육효과 비교", 「교육학연구」, 23(2), 한국교육학회.

박수현(2010), "마인드 맵을 활용한 중국어 어휘 지도 방안: 형·음의 접근을 중심으로", 석사학위논문, 경희대학교.

박찬규(2010), "외국어 학습전략과 학업성취도의 관계", 「영어영문학연구」, 제52권 3호, 한국중앙영어영문학회.

배고운(2011), "Tandem 언어 학습법을 기반으로 한 한국어 교육 방안", 박사학위논문, 부산외국어대학교.

배영주(1994), "성인교육방법으로서의 자기주도 학습론에 대한 비판적 고찰". 석사학위논문, 서울대학교.

_____(2003), "성인의 자기주도학습 과정에 대한 사례연구", 박사학위논문, 서울대학교.

서상범(2011), "한국어-러시아어 Tandem학습법을 이용한 수업모델 연구", 「러시아문학연구논문집」, 제36집, 한국러시아문학회.

서혜영(1984), "상담이론에 입각한 외국어교수법", 석사학위논문, 이화여자대학교.

송향근, "Tandem 언어 학습을 통한 한국어 교육 방안-헬싱키대 한국어 학습자의 경우를 중심으로", 「국어교과교육연구」, 제7집, 국어교과교육학회.

신승희(2010a), "중국어 고급학습자의 학습전략 사용실태 고찰", 「중국어문학논집」 제64호, 중국어문학연구회.

_____(2010b), "MBA과정 성인학습자의 중국어학습전략 사용실태 고찰", 「중국어문학논집」, 제63호, 중국어문학연구회.

신의정(2001), "외국어 학습전략 훈련이 학습전략 활용, 학업성취도 및 학습신념에 미치는 효과", 박사학위논문, 전남대학교.

신의정 · 이용남(2002), "외국어 학습전략에 관한 고찰", 「교육연구」 제25집, 전남대학교 교육문제연구소.

_____(2004), "외국어학습전략 훈련의 효과에 관한 연구"「교육학연구」, 제42권 2호, 한국교육학회.

오기열(1998), "인터넷을 통한 협동학습 프로그램의 개발", 석사학위논문, 한국교원대학교.

오미영(2004), "성격유형과 중국어 언어기능과의 관계", 석사학위논문, 숙명여자대학교.

오신영(2011), "교사 피드백과 함께 제시한 학습자의 자기 피드백이 중국어 발음 개선에 미치는 효과", 석사학위논문, 안동대학교.

오준일(1996), "태도와 성별이 영어 학습 책략 사용에 미치는 영향", 「영어교육」, 제51권 2호, 한국영어교육학회.

유귀옥(1997), "성인학습자의 자기주도성과 인구학적 및 사회 심리학적 변인 연구", 박사학위논문, 서울대학교.

이경랑(2011), "영어학습전략 연구 30년 개관", 「영어교육연구」 제23권 1호, 팬코리아영어교육학회.

이경랑 외(2011), "자기 주도적 학습자 양성을 위한 영어 학습전략 교수 모형 연구: 중학교 영어 교과서를 중심으로", 「현대영어교육」 제12권 1호, 현대영어교육학회.

이기명(2001), "EFL 환경에서의 학습자 언어 변이와 학습유형 분석", 박사학위논문, 동아대학교.

이길연(2011), "Tandem 학습법을 적용한 중국어 학습자의 Tandem 학습능력에 관한 연구", 「중국학」 제39집, 대한중국학회.

이병민(2003), "외국어 교육에서 학습자 변인으로서 언어 학습전략 : 연구 동향 및 방향", 「한국어교육」 제14권 3호, 국제한국어교육학회.

이세연(2008), "성인 학습자의 영어 학습유형과 영어 학습전략의 상관관계 연구", 석사학위논문, 한국외국어대학교.

이양희(2004), "영어 학습 동기 및 전략과 학습자 성별 및 성취도와의 관계", 석사학위논문, 전북대학교.

이연주(2007), "효율적인 중국어 어휘 지도 방안 연구: 마인드 맵 이론을 중심으로", 석사학위논문, 한국외국어대학교.

이영희(2002), "소집단 학습을 통한 영어 학습전략 훈련에 대한 연구", 석사학위논문, 연세대학교.

이은형(2008), "설문조사를 통한 고등학생의 중국어 학습동기 및 학습전략 분석", 석사학위논문, 이화여자대학교.

이정민(2010), "한국어 어휘 학습 전략 연구", 박사학위논문, 경희대학교.

이지혜(2009), "자기결정성 학습동기, 메타인지, 자기주도적 학습능력 및 학습몰입과 학업성취 간의 구조적 관계분석", 박사학위논문, 충북대학교.

이진화·김진모,(2006), "기업체 근로자의 자기주도학습 준비도와 조직특성의 관계", 「농업교육과 인적자원개발」, 38(3), 한국농업교육학회.

이현정(2008), "사이버 학습에서 자기 주도적 학습능력과 교사의 피드백 유형이 학업성취도에 미치는 효과", 석사학위논문, 대구교육대학교.

이홍수 외 공역(2001), 「외국어학습 교수의 원리」, 피어슨 에듀케이션.

이효영(2011), "Tandem 학습법을 활용한 중국어 교육 방안", 「중국언어연구」, 제35집, 한국중국언어학회.

이효웅(1996), "한국 중·고등학생의 태도와 동기가 영어학습에 미치는 영향", 「영어교육」, 제51권 2호, 한국영어교육학회.

_____(2000), "영어 학습 태도와 능력 간의 상관관계", 「영어교육」, 제55권 4호, 한국영어교육학회.

이희도(1997), "다인수 학급에 최적한 교수학습모형 탐색: 소집단 협동학습을 중심으로", 「교육학연구」, 35(1), 한국교육학회.

임미란(2001), "외국어 학습전략과 영어 숙달도와의 관계연구", 「인문학연구」, 제26집, 조선대학교 인문학연구소.

임병빈 외 역(2003), 「제2언어 교수 학습」, 한국문화사.

임채수(2001), "협동학습 수업전략의 학습효과에 관한 메타 분석", 박사학위논문, 경남대학교.

임희경(2009), "짝 점검 모형에서 효과적인 짝 구성방법에 대한 연구", 석사학위
　　논문, 국민대학교.

전규태(2010), "e-러닝 정보활용교육 프로그램이 대학생의 자기주도 학습능력에
　　미치는 영향", 석사학위논문, 숭실대학교.

정기영·平中ゆかり·라복순·하수권(2010), "한국어-일본어 탄뎀 수업 사례 -
　　코스 디자인과 수업 만족도 조사-", 「일본어교육」 제54권, 한국일본어교육
　　학회.

정희정(2011), "고등학교 학습자의 영어 학습자 변인과 학습전략 간의 관계 분
　　석", 석사학위논문, 고려대학교.

조윤정(2011), "고등교육기관 성인학습자의 자기주도 학습능력 관련 변인들 간
　　의 관계구조 분석", 박사학위논문, 숭실대학교.

조형정(2003), "협동학습의 효과 및 내적과정에 대한 분석", 「교육방법연구」, 제
　　15권 1호, 한국교육방법학회.

진광호(2010), "중국어-한국어 Tandem 학습법의 도입", 「중국학」, 제36집, 대한
　　중국학회.

채승희(2007), "중국어 어휘 학습 전략 활용 실태 분석을 통한 지도 방안 설계",
　　석사학위논문, 이화여자대학교.

최보금(2006), "협동학습 기본요소 차이에 따른 대학생의 학습양식과 수업만족
　　와의 관계연구", 석사학위논문, 연세대학교.

최은영(2007), "대학영어 협동학습 과정에서 나타난 학습자들의 수업경험", 박사
　　학위논문, 전남대학교.

하수권(1999), "한국에서의 상호자율학습 방법을 이용한 외국어로서의 독일어
　　교육 가능성 연구", 「외대논총」 제19집 2호, 부산외국어대학교.

＿＿＿＿＿(2008), "Tandem 학습법을 활용한 외국어 교육 방안", 「외국어로서의 독
　　일어」 제23집, 한국독일어교육학회.

＿＿＿＿＿(2009), "이중언어학습법의 교육과정 및 수업 적용 방안", 「외국어로서의
　　독일어」, 제25집, 한국독일어교육학회.

＿＿＿＿＿(2010), "Tandem 학습법을 활용한 외국어 교육 방안", 「외국어로서의 독

일어」, 제27집, 한국독일어교육학회.

한명숙(2008), "협동학습 유형과 학습유형이 자기효능감과 학습태도에 미치는 효과", 박사학위논문, 전북대학교.

한승호(2007), "한국 대학생의 영어 학습 전략에 관한 연구", 박사학위논문, 계명대학교.

현정숙(1999), "초등학교 아동의 자기주도학습력 향상을 위한 수업모형 개발", 박사학위논문, 동아대학교.

홍영표(2002), "특성화 고등학교 학생들의 자기주도학습준비도와 관련 변인", 석사학위논문, 서울대학교.

【논문류】 - 중국논문

卞舒舒(2010), 日韩优秀学习者的口语学习策略研究, 复旦大学硕士学位.

曹晓玉(2010), 留学生汉语学习策略的调查与分析, 外语教育教学, 第6期.

陈小芬(2008), 留学生汉语学习策略研究, 厦门大学硕士学位论文.

江新(2000), 汉语作为第二语言学习策略初探, 语言教学与研究, 第一期

刘琳(2007), 中级水平韩国留学生汉语语段学习策略研究, 北京语言大学硕士学位
　　　论文.

李强等(2011), 汉语学习策略与个体因素的相关性研究, 语言教学与研究, 第一期.

鹿军红(2005), 外语自主学习与学习策略培养, 安徽工业大学学报, 第22卷 第4期.

那剑(2009), 韩国 欧美学生汉语口语学习策略对比研究, 西南科技大学学报, 第26
　　　卷, 第四期.

钱玉莲(2004), 中国第二语言学习策略研究的现状与前瞻, 暨南大学华文学院院报
　　　第三期.

_____(2010), 中韩学生中文阅读学习策略比较研究, 华文教学与研究, 第三期 总
　　　39期.

秦晓晴(1996), 第二语言学习策略研究的理论和实践意义, 国外外语教学, 第四期.

孙育红(2007), 〈Tandem学习法在中国德语学习者中的应用研究〉, 西北工业大学硕
　　　士学位论文.

王理(2006), 韩国习得者在中国与韩国汉语学习策略的比较初探, 南京师范大学硕
　　　士学位论文.

文秋芳·王立非(2003), 英语学习策略培训与研究在中国-记全国首届"英语学习策略
　　　培训与研究"国际研修班, Foreign Language world, 第六期.

_____(2004), 对外语学习策略有效性研究的质疑, 外语界, 第二期.

吴勇毅(2001), 汉语"学习策略"的描述性研究与介入性研究, 世界汉语教学, 第四期,
　　　总第58期.

_____(2007), 不同环境下的外国人汉语学习策略研究, 上海师范大学博士学位论文.

徐新颜(2003), 中级水平日韩 欧美留学生汉语学习策略研究, 北京语言大学硕士

论文.

杨翼(1998), 高级汉语学习者的学习策略与学习效果的关系, 世界汉语教学, 第一期.

姚怡如(2009), 汉语学习策略与个体因素的相关性研究, 大连理工大学硕士学位论文.

张欢(2007), 在华韩国留学生与韩国本土汉语学习者的听说学习策略对比研究, 陕西师范大学硕士论文.

张静(2010), 从学习者个体差异砍人格特质, 语言学习策略和英语语言能力的关系, 上海外国语大学博士学位论文.

周磊(2004), 中级水平韩国留学生语言学习策略与汉语听力理解的关系研究, 北京语言大学硕士论文.

【도서류】 - 영문도서

Brockett, R. G. & Hiemstra, R.(1991), Self-directed in adult learning: Perspective on theory, research and practice. NY: Routledge.

Brody, C. M., & Davidson, M.(1998), Professional development for cooperative learning: Issues and Approaches, NY: State Univ. of NY Press.

Brown, H. D.(1994). Teaching by principles: An interactive approach to language pedagogy, Englewood Cliffs, NJ: Prentice Hall Regents.

Candy, P. C.(1991), Self-direction for lifelong learning: A comprehensive guide to theory and practice, San Francisco, CA: Jossey-Bass.

Johnson, D. W., & Johnson, R. T.(1999), Leaning Together and alone-cooperative, competitive, and individualistic learning, Massachusetts: Allyn and Baco.

Kagan, S.(1999), Cooperative Learning, San Clemente, CA: Kagan Publishing.

Knowles, M. S.(1975), Self-Directed Learning: A Guide for Learners and Teachers, chicago: Follet Publishing Company.

Oxford, R. L(1990), Language learning strategies : What every teacher should know, Boston : Heinle & Heinle.

Rogers, Carl R.(1983), Freedom of learn for the 80's, New York: Macmillan.

Skager, R. W.(1978), Organizing school to encourage self-direction in learners, Hambug: UNESCO Institute for Education.

Slavin, R, E.(1995), cooperative learning, New York: Longman.

Tough, A. M.(1967), Learning witout a teacher: A study of tasks and assistance during adult self-teaching projects, toronto: Ontario Institute of studies in Education.

【논문류】 - 영문논문

Appel, C.(2000), 'Pedagogical considerations for a web-based tandem language learning environment', computers & education, Vlo.34.

Brammerts, H.(1995), 'Tandem learning and the internet', In: Aarup Jensen, Jager & Lorentsen(Hg).

Brammerts, H.(2005), 'Autonomes Sprachenlernen im Tandem: Entwicklung eines Konzepts', In: Brammerts & Kleppin(Hrsg.).

Chen, A.(1983), 'The concept of Autonomy in Adult Education: A Philosophical Discussion', Adult Education Quarterly, 34(1).

Clauβen, T. & Peuschel, K.(2006), 'Zur Wirksamkeit von individuellen Sprach-lernberatungen', Zeitschrift für Interkulturellen Fremdsprachen- unterricht [online] 11(2).

Cohen, E. G.(1994), 'Restructuring the classroom: Conditions for productive small groups', Review of Educational Research, 64(1).

Cohen, A. & Aphek, E.(1980), Relation of second-language vocabulary over timen: Investigating the role of mnemonic associations. system 8.

Doolittle, P. E.(1995), Understanding cooperative learning through Vygotsky's zone of proximal development. Paper presented at the LillyNational Conference on Excellence in college Teaching. Colombia, SC.

Cziko, G. A.(2004), 'Electronic Tandem Language Learning(eTandem)', CALICO journal. 22(1).

Gugliemino, L. M.(1997). Development of the Self-Directed Learning Readiness Scale. Doctoral Dissertation. University of Georgia.

Brammerts, H. & Kleppin, K.(2001), Selbstgesteuertes Sprachenlernen im Tandem: Ein Handbuch, Tübingen : Stauffenburg-Verl.

Woodina, J.(2010), 'Cultural categorisation: what can we learn from practice? An example from tandem learning', Language and Inter-cultural Communication

10(3).

Kasworm, C.(1983), 'Self-directed learning and lifespan development', International Journal of Lifelong Education, 2(1).

Mehlhorn, G. & Kleppin, K.(2006): 'Sprachlernberatung: Einführung in den Themenschwerpunkt', Zeitschrift für Interkulturellen Fremd- sprachenunterricht [online] 11(2).

Oddi, L. F.(1986), 'Development and validation of an instrument to identify self-directed continuing learners', Adult Education Quarterly. 36(2).

Oxford, R. L.(1989). The role of styles and strategies in second language learning, ERIC digest(ED317087).

Rubin, J.(1975), What the good language learner can teach us. TESOL Quarterly, 9.1.

Politzer, R. L. & McGroarty, M.(1985), An exploratory stydy of learning behaviors and their relation to gains in linguistic and coomunicative competence. TESOL Quarterly, 19.

Sabbaghian, Z. S.(1980), Adult self-directedness and self-concept: An exploration of relationships (Doctoral dissertation, Iowa State University, 1979). Dissertation Abstracts International, 40, 3701A.

Schmelter, L.(2006), 'Prekäre Verhältnisse: Bildung, Erziehung oder Emanzipation? - Was will, was soll, was kann die Beratung von Fremdsprachenlernern leisten?', Zeitschrift für Interkulturellen Fremd- sprachenunterricht [online] 11(2).

Slavin, R, E.(1991), 'Synthesis of research on cooperative learning', Educational Leadership, 48(5).

Slavin, R. E.(1987), 'Cooperative learning: where behavioral and humanistic approaches to classroom motivation meet', The Elementary School Journal, 88.

Spear, G. E. & Mocker, D. W.(1984), 'The organizing circumstance: Environmental determinants in self-directed learning', Adult Education Quarterly, 35(1).

Stern, H. H.(1975), What can we learn from the good language learner?, Revue canadienne des langues vivantes, 31.

【인터넷 사이트】

http://www.slf.ruhr-uni-bochum.de/etandem/etindex-en.html

http://www.tandemlearning.net

http://www.llas.ac.uk

http://www.yourlanguageguide.com

http://www.tandemcity.info/index2.html?direccion=generla/en_history.htm

http://www.slf.ruhr-uni-bochum.de/learning/idxdeu11.html

http://www.slf.ruhr-uni-bochum.de/etandem/guides-en.html

http://www.slf.ruhr-uni-bochum.de/

http://www.hum.au.dk/mirror/tandem/aarhus-dan.html

http://www.sfedu.ru/rsu/tandem/

http://www.shef.ac.uk/mirrors/tandem/

http://www.cisi.unito.it/tandem/

http://www.uni-due.de/en/

http://www.uni-leipzig.de/tandem

http://www.tandem.uni-trier.de

http://www.enst.fr/tandem

http://www.tandem.ac-rouen.fr

http://www2.tcd.ie/CLCS/tandem

http://www.altos.rnd.runnet.ru/rsu/tandem

http://www.mh.se/tandem

http://www3.uniovi.es/mirror/Tandem

http://www.mopas.go.kr/gpms/ns/mogaha/user/userlayout/bulletin/userBtView.actio
n?userBtBean.bbsSeq=1018248&userBtBean.ctxCd=1012&userBtBean.ctxType=2
1010002&userBtBean.categoryCd

부 록

Tandem 학습법에 관한 설문지

본 설문지는 학생 여러 분이 Tandem 수업에서 중국어(한국어)를 학습하는데 있어서 실제로 행하고 있는 것에 관한 질문입니다. 각 문항별 요구사항대로 작성해 주시기 바랍니다.

본 설문조사 결과는 연구 이외의 목적으로는 사용되지 아니함을 밝혀드리며 성실히 답변해주시기 바랍니다.

- 부산외국어대학교 대학원 중국어중국학과 박사과정 이길연 올림-

개인 배경 조사 설문지

이름		성별		연령		학기차	
여러분의 중국어 학습 목적은 무엇입니까? 한국 또는 중국에 있는 대학원에 입학하기 위해 중국 관련 회사 취업하기 위해 중국의 문화와 언어에 대해 더 배우기 위해 중국에서 사업을 하기 위해 기타( )				여러분은 중국어를 얼마동안 배웠습니까? ( )개월 배웠음. ( )에서 배웠음			
여러 분은 중국어 HSK몇 급을 취득하였습니까? 구HSK ( )급 신HSK ( )급				기타 중국어 공인시험에 응시한 적 있다면 ( )시험 ( )급			
본인의 중국어 수준이 어느 정도 된다고 생각합니까? 아래 해당되는 번호에 체크하십시오. (택일) 1. 구체적인 욕구 충족을 지향하는 익숙한 일상적 표현들과 아주 간단한 문장들을 이해하고 사용할 수 있다.(예: 어디에 사는지, 어떤 사람을 알고 있는지) 2. 반복적이고 단순한 상황에서 일반적이고 익숙한 문제 대해서 간단하고 직접적인							

정보교환으로의 의사소통을 할 수 있다. (예: 자신의 출신과 교육, 주변지역 관련 정보)
3. 명확한 표준어를 사용하며 익숙한 주제에 대해 요점을 이해할 수 있다.(예: 경험과 견해에 대해 근거 제시, 꿈이나 목표에 대해 기술 등) 4. 쌍방 간에 큰 노력 없이 원어민과 자연스러운 대화를 할 수 있을 만큼 유창하게 의사소통할 수 있다.
5. 사회생활, 직업생활, 대학교육과 직업교육에서 언어를 효과적이고 유연하게 사용할 수 있다.
6. 문어와 구어로 된 다양한 자료에서 나온 정보를 요약할 수 있으면, 그 근거와 설명을 조리 있게 재구성할 수 있다.
여러 분은 중국 문화에 얼마나 알고 있다고 생각합니까? 1. 전혀 모른다 2. 잘 모른다   3. 보통이다 4. 좀 알고 있다 5. 아주 익숙하다
중국문화를 알게 된 계기는? 1. 중국 친구 2. 수업시간 3. 드라마나 영화 4. 언론매체 5. 중국 현지체험 6.기타(   )
여러 분은 중국 유학 혹은 방문한 적이 있습니까? 방문한 적 있으면 어디에서 기간은 어떻게 됩니까? 가 본 적 있다 (   )개월   (   )에서 가 본 적이 없다 (   )

1. Tandem 수업을 통해 중국어를 배울 때 사용하는 학습전략에 관한
   설문내용입니다. 해당란에 ○ 하십시오.

문항	질 문 내 용	전혀그렇지않다	그렇지않다	보통이다	그렇다	매우그렇다
1	나는 새로운 것을 배울 때 이미 배운 내용과 연관 지어 생각해 본다.	1	2	3	4	5
2	나는 새로 배운 단어의 발음이나 형태를 그 단어와 연관 지어 암기한다.	1	2	3	4	5
3	나는 새로 배운 단어나 표현을 파트너와의 대화에 넣어 연습하며 암기한다.	1	2	3	4	5
4	나는 탄뎀 수업에서 배운 내용을 자주 복습한다.	1	2	3	4	5
5	나는 새로 배운 단어를 문장에 넣어 암기한다.	1	2	3	4	5
6	나는 새로운 단어와 유사한 말을 한국어에서 찾아 본다.	1	2	3	4	5
7	나는 발음할 때 실제 중국인처럼 말할 수 있도록 노력한다.	1	2	3	4	5
8	나는 파트너와 대화를 중국어로 시작한다.	1	2	3	4	5
9	나는 중국어로 된 메모, 편지, 보고서 등을 쓴다.	1	2	3	4	5
10	나는 중국어 단어를 하나씩 해석하기보다 문장 전체로 이해하려 노력한다.	1	2	3	4	5
11	나는 모르는 중국어 어휘가 나오면 그 의미에 대해 추측해 본다.	1	2	3	4	5
12	나는 파트너와 대화할 때 어떤 중국어단어가 떠오르지 않으면 몸짓으로 표현한다.	1	2	3	4	5
13	나는 모르는 중국어 단어나 표현이 나오더라도 매번 사전을 찾지 않는다.	1	2	3	4	5
14	중국어 단어나 표현이 생각나지 않으면 비슷한 의미의 단어나 표현으로 대신한다.	1	2	3	4	5

15	나는 적절한 중국어 단어가 생각나지 않으면 새로운 표현을 만들어 낸다.	1	2	3	4	5
16	나는 효율적인 탄뎀 수업을 진행하기 위해 항상 수업계획을 세우고 준비한다.	1	2	3	4	5
17	나는 중국어 능력을 향상시키기 위한 뚜렷한 목표가 있다.	1	2	3	4	5
18	나는 탄뎀 수업에서의 50:50 원칙을 지키기 위해 중국어를 가능한 많이 사용한다.	1	2	3	4	5
19	나는 파트너가 한국어로 말할 때보다 중국어로 말하면 주의를 더 기울이게 된다.	1	2	3	4	5
20	오류를 알게 되면 더 잘하기 위해 오류정보를 정리하고 대화나 쓰기에 활용한다.	1	2	3	4	5
21	나는 중국어로 말할 때 긴장하는 것을 느낀다.	1	2	3	4	5
22	나는 실수를 두려워하지 않고 스스로 용기 내어 파트너와 중국어로 말한다.	1	2	3	4	5
23	나는 중국어로 대화를 잘 하면 스스로 만족하며 뿌듯해한다.	1	2	3	4	5
24	나는 탄뎀 수업을 마치고, 학습일지에 항상 느낀 점을 기록한다.	1	2	3	4	5
25	나는 파트너 혹은 다른 사람에게 내가 탄뎀 수업할 때에 느낀 점을 이야기 한다.	1	2	3	4	5
26	나는 파트너에게 나의 중국어발음을 수정해 달라고 부탁한다.	1	2	3	4	5
27	나는 다른 팀원들과 함께 중국어를 대화하고 연습한다.	1	2	3	4	5
28	나는 파트너의 중국어를 이해하지 못하면 천천히 말해달라고 부탁한다.	1	2	3	4	5
29	나는 파트너와의 교류는 중국어학습에 있어서 아주 중요하다고 생각한다.	1	2	3	4	5
30	나는 파트너의 문화를 배우고 이해하려 노력한다.	1	2	3	4	5

2. 다음 문항을 읽고 여러 분이 중국어를 학습하는 과정에서 자신이 해당
   되는 항에 ○ 표시해 주십시오.

문항	자 기 주 도 학 습 능 력 척 도	전혀그렇지않다	그렇지않다	보통이다	그렇다	매우그렇다
1	나는 내가 살아 있는 한 지속적으로 학습하고자 한다.	1	2	3	4	5
2	나는 잘 모르는 것에 대해 구태여 이해하려고 노력하지 않는다.	1	2	3	4	5
3	나는 새롭게 무언가 배우는 것을 좋아한다.	1	2	3	4	5
4	나는 교수가 구체적으로 지시해주는 교육을 선호한다.	1	2	3	4	5
5	나는 내게 필요한 정보를 어디에서 얻어야 할지를 알고 있다.	1	2	3	4	5
6	나는 내가 학습할 내용과 방법에 대해 참여하여 직접 결정하기를 원한다.	1	2	3	4	5
7	나는 내가 효과적으로 학습하고 있는지 아닌지 구별할 줄 안다.	1	2	3	4	5
8	나는 배우고 싶은 것이 너무 많아서 24시간이 짧게 느껴질 때가 있었다.	1	2	3	4	5
9	나는 배우겠다고 결심하면 아무리 바빠도 시간을 낸다.	1	2	3	4	5
10	나는 내가 읽는 책에서 이해가 안 되는 내용이 많은 편이다.	1	2	3	4	5
11	나는 내가 언제 무슨 내용을 더 학습해야 할지를 안다.	1	2	3	4	5
12	나는 새로운 것을 재빠르게 학습하고 있는 사람을 존경한다.	1	2	3	4	5
13	나는 다른 사람의 도움 없이 무엇이든지 스스로 학습할 수 있다.	1	2	3	4	5
14	나는 모르는 내용이나 특정 질문에 대한 해답을 찾아내는 일을 즐긴다.	1	2	3	4	5
15	나는 여러 개의 해답보다는 1개 해답만을 가지고 있는 문제를 좋아한다.	1	2	3	4	5
16	나는 매사에 호기심을 가지고 있다.	1	2	3	4	5

17	나는 어떤 학습을 하든지 기초에는 별 문제가 없다.	1 2 3 4 5
18	나는 결과에 상관없이 새로운 일을 벌이기를 좋아한다.	1 2 3 4 5
19	나는 무슨 일이든지 독특한 방법을 잘 생각해낸다.	1 2 3 4 5
20	나는 장래 일이나 미래에 닥칠 일에 대해 생각해낸다.	1 2 3 4 5
21	나는 다른 사람보다 새로운 것을 찾아내는데 능력이 있다.	1 2 3 4 5
22	나는 반드시 해야 할 것은 스스로 책임지고 잘 할 수 있다.	1 2 3 4 5
23	나는 다른 사람의 이야기를 경청하고 토론하기를 좋아한다.	1 2 3 4 5
24	나는 나만의 방식으로 문제에 접근하길 좋아한다.	1 2 3 4 5
25	나는 새로운 것을 학습하고자 하는 욕망이 크다.	1 2 3 4 5
26	나는 배우면 배울수록 더욱 흥미를 가지게 된다.	1 2 3 4 5
27	나는 배우고 학습하는 일 자체가 너무 재미있다.	1 2 3 4 5
28	나는 새로운 학습방법보다는 기존의 방법을 선호한다.	1 2 3 4 5
29	나는 학습의 성과는 전적으로 내 책임이지 다른 사람에게는 책임이 없다.	1 2 3 4 5
30	나는 새로운 것을 학습하는 것은 나이와는 전혀 상관없다고 생각한다.	1 2 3 4 5
31	나는 장소와 환경에 상관없이 어디에서나 혼자서 학습을 잘 한다.	1 2 3 4 5
32	나는 진정한 리더라면 항상 스스로 학습하는 사람이라 생각한다.	1 2 3 4 5

3. 다음은 Tandem 학습에서 파트너와의 협동과정에 관한 설문내용입니다. 자신에 해당되는 항에 ○를 표시하십시오.

문항	파 트 너 쉽 설 문 내 용	전혀그렇지않다	그렇지않다	보통이다	그렇다	매우그렇다
1	파트너와 학습정보와 자원을 공유하고 도와주며 격려한다.	1	2	3	4	5
2	파트너와의 갈등의 종류와 원인을 인식하고 적절한 해결전략을 실천한다.	1	2	3	4	5
3	파트너와 나의 학습결과가 서로에게 도움이 된다고 생각한다.	1	2	3	4	5
4	탄뎀 학습에서 서로가 상대방에 대한 기대가 크다.	1	2	3	4	5
5	서로의 문제를 함께 해결할 수 있는 상황을 파트너와 같이 만들어간다.	1	2	3	4	5
6	서로가 다양한 네트워크를 활용하여 파트너와의 의사소통을 원활하게 하려 한다.	1	2	3	4	5
7	효과적인 팀워크를 위해 솔직하고 호의적으로 의사소통을 하려 한다.	1	2	3	4	5
8	파트너의 학습을 위해 수업 전 자료준비를 철저하고 성실하게 진행한다.	1	2	3	4	5
9	이문화에 대한 반감보다는 존중하고 이해하려고 노력한다.	1	2	3	4	5
10	활발한 토론을 통해 파트너와의 상호작용을 극대화하려고 노력한다.	1	2	3	4	5

4. 다음은 Tandem 수업 만족도에 관한 설문조사입니다.

문항	탄 뎀 수 업 설 문 내 용	전혀그렇지않다	그렇지않다	보통이다	그렇다	매우그렇다
1	탄뎀수업에 대한 만족도는?	1	2	3	4	5
2	탄뎀수업을 통한 중국어 실력의 향상정도는?	1	2	3	4	5
3	향후에도 지속적인 탄뎀수업형식의 중국어 학습을 원한다.	1	2	3	4	5
4	**탄뎀 수업을 통해 무엇을 배웠는가? (여러 항 선택 가능)** 어휘, 속담, 관용어 □　　어휘의 적절한 사용 □　　작문실력향상 □ 듣기와 말하기 향상 □　중국문화에 대한 이해 □　문장독해능력 향상 □ 문법지식 습득 □　　　의사소통능력 향상 □ 중국어학습에 대한 열정향상 □　　　중국어학습에 대한 동기부여 □ 학습의 방법 기교 습득 □ 기타_____					
5	**탄뎀 수업에서 어려웠던 점?** 컴퓨터(중국어입력)의 사용 □　학습계획을 자기주도적으로 세우지 못했음 □ 학습 환경 □　중국어실력 부족으로 인한 소통어려움 □　교수의 도움이 부족 □ 대인기술의 부족 □　중국어수준의 차이로 의사소통 원활치 못함 □ 파트너와 성격이 잘 안 맞음 □　파트너의 책임성 □ 기타 _____					

중국어 Tandem 학습 일지							
수업일자	2011년　　　　월　　　　일					주차	
이름				파트너 이름			
학습 주제 및 내용				학습 목표			
이번 학습을 통해 얻은 학습 성과	문법항목 혹은 문형 교정된 발음 새로운 어휘 몰랐던 문화(자국문화와 비교) 기타						
자가평가	1	수업을 위해 어느 정도 준비했는가?	1	2	3	4	5
	2	학습목표를 얼마나 달성했는가?	1	2	3	4	5
	3	나의 수행활동에 대한 평가는?	1	2	3	4	5
	4	부족하거나 반성할 점은?					
파트너 평가	1	수업준비를 성실히 했다	1	2	3	4	5
	2	적극적으로 대화에 참여했다	1	2	3	4	5
	3	수행활동 평가는?(친절하고 열심히 가르쳐 주었다)	1	2	3	4	5
	4	파트너에 대한 건의사항은?					

팀워크에 대한 평가	1	주어진 과제를 적절히 수행했다	1	2	3	4	5
	2	막힘없이 지속적으로 대화했다	1	2	3	4	5
	3	50:50 원칙이 잘 지켜졌다	1	2	3	4	5
	4	수업에 호흡이 잘 맞았다	1	2	3	4	5
건의사항 (교수나 수업관련)							

Tandem 체험학습일지				
수업일자 (주차)	2011년	월	일	주차
이름			파트너 이름	
학습 주제				
수정 전 작문				
수정 후 작문				
적고 싶은 말	본 체험학습과 작문에 관한 본인의 생각 등을 적으시오.			

상 담 일 지

상담자 :

일시	년 월 일		장소		
학생 인적 사항	성명	한국어: 중국어:	성별		나이
	학과/ 학년		연락처		메일: 휴대폰:
상담 내용	학습 목표				
	학습 계획				
	중국어 수준	( )개월 배웠음. ( )에서 배웠음. 중국어 관련 자격증 ( )	중국유학 경험: 유 무 유학기간: 중국여행 경험 : 유 무 여행지: 언제: 기간:		
	중국 문화 이해 수준	익숙하다 일반적이다 모른다			
	본인 성격	외향적( ) 내성적( )			
	파트너 에 대한 요구사 항	파트너의 한국어 수준 : 상 중 하 파트너의 한국문화 이해 수준: 상 중 하 파트너의 성별 : 남 여 파트너의 성격 : 외향 내향 기타 요구사항 :			
특이 사항